まえがき

　この本は、「日本語のアクセント」のしくみと成り立ちについて解説したものです。日常何気なく使っている私たちのことばの中に、思いもよらない合理的なしくみが潜んでいることを、本書を通じて「発見」してもらえることを目的としています。

　ひとくちに「日本語」と言っても、いろいろな方言が存在します。方言は標準語の「崩れた」形などではなく、それぞれの方言ごとに独特の整合性のあるしくみを持っています。アクセントについても、方言ごとにそれぞれの「アクセントのしくみ」を持っています。

　この本では、標準語のもとになっている東京方言の他に、各地の方言の例も積極的に取り上げました。

　アクセント現象は、たいへん奥が深く、今まで同じ方言だと思っているところに、互いに違う特徴が発見されることがあります。反対に、日本列島のかけ離れた地域で話されている2つの方言が、実はよく似たしくみを持っていることが、明らかになることもあります。こうした事実にあらたに「気付く」ことの楽しさを読者に伝えられるよう、執筆者たちは心がけました。

　本書は、大学のテキストとして企画されていますが、日本語、日本の方言、ことば全般に関心を持つ方々にも、アクセントの奥深さと面白さを実感してもらえるのではないかと期待しています。また、日本語教師やそれを目指して勉強している人たち、英語も含めた外国語教育に携わる人たちにとっても、ことばに対する理解を深めるための資料として役立ててもらえるのではないかと思います。

　本書は各章、《基礎編》と《発展編》の2部構成になっています。「アクセントのしくみ」を学ぶ上で、どうしても理解してもらいたい事柄は《基礎編》に書かれています。深く理解するには《発展編》も読んでいただきたいのですが、《基礎編》だけを通読しても、日本語アクセントの全体像をつかめる構成になっています。

　全体的にできるだけ平易な表現での解説を心がけましたが、専門的な用語も多少出てきます。アクセントの研究分野でよく使われる用語や基本概念に

ついては、各章でキーワードをあげて、そのつど説明を加えました。

　また、日本語アクセントについてさらに学ぼうとする読者のために、各章に「読書案内」を設け、その章のテーマに関係する参考図書や概説書などを紹介しました。

　各章の末尾には、その章で取り扱った方言や、アクセントの基本概念に関係した「練習問題」を設けました。この練習問題は、ぜひ読者の皆さんが自分で解いてみてください（解答は巻末に付いています）。きっとアクセントの規則性を自ら発見することの面白さが、わかってもらえると思います。

　この本を出版するにあたり、貴重な時間をさいて私たちに方言アクセントを教えてくださった、全国のたくさんの方言の話し手の方々に、心から感謝したいと思います。

　また、私事ですが、本書は私たち執筆者4人のアクセント研究の先輩であり、この分野のリーダー的存在でもある上野善道先生の、65歳の誕生日を記念して企画、立案されたものです。先生には、各章の草稿の段階から、ていねいに読んで役立つコメントやアドバイスをいただきました。心より感謝申し上げます。

　この企画を三省堂に勧め、私たちをご紹介してくださった中島由美さん、そして企画を立ちあげてくださった三省堂の柳百合さんにも、この場を借りて御礼申し上げます。そしてなにより三省堂の飛鳥勝幸さんには、本書の構想段階から、私たちのアイディアを実現するための貴重なアドバイスを数多くいただきました。さらに、執筆が遅れがちの私たちを辛抱強く励まし、出版までこぎつけることを可能にしてくれました。飛鳥氏の努力と忍耐抜きには、この本の完成はなかったと思います。心より感謝いたします。

　最後に、この本を手に取ってくださった皆様にも感謝いたします。アクセントという、たった1つの切り口ではありますが、本書が皆様自身のことばの発見につながり、今後のあらたなテーマ発見の一助になるとすれば、これ以上の幸せはありません。

2012年6月

松森晶子・新田哲夫

〈もくじ〉

まえがき　1

第1章　アクセントとは何か　8

基本編　1.1　方言のアクセント　8
　　　　1.2　位置か種類か―アクセント言語と声調言語　10
　　　　1.3　平板型と起伏型　13
発展編　1.4　高さアクセントと強さアクセント　15
　　　　1.5　イントネーションとアクセントの違い　16
Column.1　拍（モーラ）による音の数え方　11
Column.2　弁別的―意味を区別する役割―とは　12
Column.3　平板型の外来語　14
Column.4　「きれいな空と海」の２つの意味　18
読書案内　19　　　練習問題　19

第2章　アクセントのしくみ　20

基本編　2.1　アクセントは体系を持つ―1〜4拍名詞のアクセント　20
　　　　2.2　アクセントの体系　23
　　　　2.3　核とは何か　24
　　　　2.4　東京方言のしくみ　25
発展編　2.5　方言の違いと共通性　26
Column.1　オトコとコドモのアクセント　21
Column.2　n＋1型アクセント体系の分布　24
読書案内　29　　　練習問題　29

第3章　アクセントの規則　32

基本編　3.1　動詞のアクセント　32
　　　　3.2　語形変化とアクセントの位置　34
　　　　3.3　形容詞とその語形のアクセント　36
発展編　3.4　派生語のアクセント　40
　　　　3.5　動詞句のアクセント　42
Column.1　平板型、起伏型の弁別性（動詞）　33
Column.2　２度目の下降　37
Column.3　形容詞の1型化傾向（1）　38
Column.4　形容詞の1型化傾向（2）　41
Column.5　派生語からつくられた動詞句のアクセント　43
読書案内　44　　　練習問題　44

第4章　助詞のアクセントと句音調　46

- 基本編　4.1　句の境界を示すピッチ―句音調　46
- 　　　　4.2　助詞のアクセント　51
- 発展編　4.3　連結音調　54
- 　　　　4.4　句音調いろいろ　56
- Column.1　句の切り方と文の焦点　50
- Column.2　1つの文節内部の2つ目の下降　53
- 読書案内　59　　練習問題　59

第5章　2型アクセント―鹿児島方言　62

- 基本編　5.1　2型アクセントとは何か　62
- 　　　　5.2　助詞・助動詞が付いたときのアクセント　65
- 　　　　5.3　音調をつくり出すプロセス　68
- 　　　　5.4　複合語のアクセント―式保存の法則　69
- 　　　　5.5　東京方言と鹿児島方言のアクセント規則の比較　71
- 発展編　5.6　2型アクセントいろいろ　72
- Column.1　名前のアクセント―鹿児島方言　71
- Column.2　東京方言と鹿児島方言がうまく対応しない語　72
- Column.3　鹿児島アクセントの今昔―ゴンザの残した記録から　74
- 読書案内　76　　練習問題　77

第6章　3型アクセント―隠岐島の方言　80

- 基本編　6.1　隠岐島のアクセント　80
- 　　　　6.2　N型アクセントとは何か　81
- 　　　　6.3　N型アクセントの一般的特徴　83
- 発展編　6.4　N型アクセントの助詞　86
- 　　　　6.5　琉球列島の3型アクセント　88
- Column.1　N型体系の分布　83
- Column.2　隠岐島五箇方言の有核助詞　87
- Column.3　琉球列島の3型アクセント体系における数詞のアクセント　90
- 読書案内　92　　練習問題　92

第7章　アクセントの単位　94

基本編
- 7.1　拍（モーラ）と音節（シラブル）　94
- 7.2　アクセントを担う単位と数える単位　97
- 7.3　拍の方言—京都方言　99
- 7.4　音節の方言—鹿児島方言　100

発展編
- 7.5　「拍方言」か「音節方言」かの判断—長崎方言を例として　101

Column.1　「乗車券」と「特急券」のアクセント　104
読書案内　104　　　練習問題　105

第8章　声調のある方言　106

基本編
- 8.1　京都アクセントの「式」とはどのようなものか　106
- 8.2　京都方言の名詞のアクセント型の一覧表　108
- 8.3　京都方言のアクセントの特徴　110
- 8.4　関西で進行中の変化—2拍のL2・L0型の世代差　112
- 8.5　京都方言の動詞・形容詞のアクセント　113

発展編
- 8.6　京都アクセントの式音調をもう少し詳しく　114
- 8.7　さまざまな式の音調—諸方言による式の違い　115
- 8.8　伊吹島—3種類の式の対立を持つ方言　119

Column.1　L0は消滅してしまうのか？　113
Column.2　歌の旋律と話し言葉の音調　115
Column.3　アクセントを知る資料としての歌の旋律　116
Column.4　式の音調の連続性　118
Column.5　式の音調と句音調の違い　119
読書案内　121　　　練習問題　121

第9章　外来語のアクセントと生産性　124

基本編
- 9.1　アクセントの生産性　124
- 9.2　生産的なアクセント型　128
- 9.3　外来語のアクセント　129
- 9.4　音節構造とアクセント　130
- 9.5　新動詞、新形容詞のアクセント　133

発展編
- 9.6　平板型の生産性　134
- 9.7　生産的な2つのアクセント型（東京方言）　135
- 9.8　平板型の省略語　136
- 9.9　外来語アクセント再検討　137
- 9.10　 −3型 と前進型の共存　140

Column.1	語末核（尾高型）の回避による変化	126
Column.2	重音節とアクセント（英語の単純語アクセント規則）	131
Column.3	東京と京都でアクセントは「逆」か？―京都方言の外来語	133
Column.4	アクセントの平板化　134	
Column.5	京都の複合省略語　137	
Column.6	語末の挿入母音 /i/　139	
Column.7	「アクセント」のアクセント　140	

読書案内　141　　　練習問題　142

第10章　複合語のアクセント（1）　146

基本編
- 10.1　東京方言の複合名詞のアクセント　146
- 10.2　2語連続の複合名詞のアクセント　148
- 10.3　不完全複合名詞のアクセント　151
- 10.4　1単位の複合名詞のアクセント　152

発展編
- 10.5　例外的な複合名詞のアクセント―後部が1, 2拍語の場合　155
- 10.6　例外的な複合名詞のアクセント―後部が3, 4拍語の場合　158

- Column.1　右枝分かれによるアクセント単位の切れ目　150
- Column.2　母音の無声化とアクセントの移動　153
- Column.3　どちらかに分類できない複合名詞　155
- Column.4　平板型の複合名詞はどういう場合に生じやすいのか　157
- Column.5　外来語の語中の挿入母音と複合名詞のアクセント　159

読書案内　161　　　練習問題　162

第11章　複合語のアクセント（2）　164

基本編
- 11.1　式保存の法則　164
- 11.2　京都方言の複合名詞のアクセント　167

発展編
- 11.3　東京と京都の複合名詞のアクセント―複合名詞の核の有無と位置の比較　174
- 11.4　東京方言の複合動詞のアクセント　176
- 11.5　1単位の複合語規則の類型論―後部決定型と前部決定型　178

- Column.1　京都方言の式保存の例外　166
- Column.2　2語連続と不完全複合名詞の判別方法　170
- Column.3　どちらかに分類できない複合名詞―京都方言の場合　173
- Column.4　京都方言に起こったアクセント変化と複合名詞のアクセント　176
- Column.5　強調的な意味を持つ複合動詞の前部要素保持　177
- Column.6　山田美妙のアクセント研究　177

読書案内　180　　　練習問題　180

第12章　アクセントの歴史を知る　　182

基 本 編	12.1	アクセントは変化する—アクセントの類別語彙とは　182
	12.2	方言アクセントの型の対応　183
	12.3	全国各地のアクセントの型の対応　188
	12.4	比較によって得られたグループ　190
	12.5	類別語彙と類の統合　191
	12.6	その他の類別語彙　192
発 展 編	12.7	類の統合による方言グループの分類　193
	12.8	比較方法と祖形の再建　197
Column.1		アクセント類別語彙の推定をささえる文献　193
読書案内	199	**練習問題**　200

第13章　アクセントと音韻　　202

基 本 編	13.1	アクセントと音韻　202
	13.2	特殊拍の再検討　202
	13.3	母音の無声化とアクセント　204
発 展 編	13.4	アクセントと母音の広狭　208
	13.5	松江方言　212
Column.1		母音の無声化が起こりやすい方言・起こりにくい方言　204
Column.2		なぜ母音の「無声化」なのか　205
Column.3		例外にも理由がある　211
読書案内	214	**練習問題**　214

練習問題の解答　216
主要索引　222
編著者紹介　224

●編集協力……………用松美穂
●本文組版・装丁……石原　亮

＊カバー・本扉の波形とピッチの表示には、University of Amsterdam の Paul Boersma、David Weenink 両氏開発の Praat version 5.2.40 を使用しました。

第1章 アクセントとは何か

ポイント解説 「雨アメ」と「飴アメ」は、声の高さ（ピッチ）で意味が区別されている。日本語は声の高さ（ピッチ）が単語の意味を区別する言語だが、声調言語ではなく、「アクセント言語」の一種である。

Keyword ▶ アクセント、ピッチ、拍（モーラ）、弁別的、声調言語、平板型と起伏型、イントネーション

基本編

1.1 方言のアクセント

　テレビドラマではいつの時代でも、坂本龍馬や西郷隆盛といった維新の英雄たちの人気が高い。ドラマに出演する龍馬や西郷役の俳優たちは、その雰囲気をできるだけ忠実に再現するため、標準語ではなく、英雄たちの出身地（土佐や薩摩）の方言で会話している。

　俳優たちが再現する方言の特徴の中には、その土地独特の言い回しなども含まれるだろうが、やはり何と言ってもその雰囲気作りに欠かせないのはそれぞれの方言の「アクセント」の特徴だ。

　声の高さのことを「ピッチ」と言うが、東京方言の「雨」と「飴」という単語の発音のピッチがどのようになっているか、(1) で見てみよう。

(1) 日本語東京方言の「雨」と「飴」のピッチ曲線

　この2つの語のピッチ曲線を見てみると、「雨」はピッチが高く始まって途中で急に下降するのに対して、「飴」は少し低めに始まって途中からゆっくりと上昇していることがわかる。

　今、ピッチの相対的に高いほうを「ア」のように、文字の上に線を引

いて示すことにしよう。そうすると、たとえば東京の「雨」という単語は「ア̄メ」のように示され、「飴」という単語は「アメ̄」のようになる。

　日本語の面白いところは、こうしたピッチの上がり下がりの特徴が、方言によってさまざまに異なることである。

　それでは、この東京方言の語のピッチの特徴を「飴」「山」「雨」という3つの語を例にとって、龍馬の出身地である土佐の高知方言、西郷隆盛の出身地である薩摩の鹿児島方言と比べてみることにしよう。

(2) 東京、高知、鹿児島のピッチの違い

		東京	高知	鹿児島
(a)	飴、飴が	アメ̄、アメ̄ガ̄	ア̄メ̄、ア̄メ̄ガ̄	ア̄メ、ア̄メガ
(b)	山、山が	ヤマ̄、ヤマ̄ガ̄	ヤ̄マ、ヤ̄マガ	ヤマ̄、ヤマ̄ガ̄
(c)	雨、雨が	ア̄メ、ア̄メガ	アメ̄、アメ̄ガ̄	ア̄メ、ア̄メガ

　まず、東京と高知を比べてみよう。

　「飴」という語は、東京では「アメ̄、アメ̄ガ̄」のようにやや低く始まって2つ目の文字のところで上昇するが、高知では、最初から高く始まり、「ア̄メ̄、ア̄メ̄ガ̄」のようになっている。「山」という語は、東京では「ヤマ̄、ヤマ̄ガ̄」のように2つ目の文字のところにピッチの頂点がくるが、高知では反対に「ヤ̄マ、ヤ̄マガ」のように1つ目の文字のところにピッチの頂点がくる。ところがこれとはまったく逆に、「雨」という語は、東京では「ア̄メ、ア̄メガ」のように1つ目にピッチの頂点がくるのに対して、高知では「アメ̄、アメ̄ガ̄」と2つ目のほうに頂点がくる。

　こうしてみると、高知のアクセントと東京のアクセントには、かなりの隔たりがあることがわかるだろう。語によっては、ピッチの頂点の位置が、まったく逆と言ってもよいくらいである。

　龍馬が江戸に出てきた当時も、故郷の土佐のアクセントと、江戸の庶民の話すことばのアクセントには、このような隔たりがあったはずだ。江戸っ子たちの会話を聞きながら、龍馬はどう感じただろうか。

　さて、今度は、西郷さんの母語である鹿児島方言を見てみることにしよう。(2) を見るとわかるように、鹿児島では、「飴」という語は「ア̄メ、

アメが」のように後ろから2つ目の文字の部分にピッチの頂点がくる。これに対して「山」と「雨」は、「ヤマ、ヤマが」「アメ、アメが」のように最後の部分が高く発音される。

実は鹿児島方言には、ピッチの頂点が、語句の「後ろから数えて2つ目にくるか、最後にくるか」、という2種類のパターンしかない。そして、（複合語などがつくられて）どんなに語が長くなっていっても、この2つのタイプのどちらかになる、という面白い特徴を持つ（この方言のアクセントについては、第5章でもっと詳しく見ていくことにしよう）。

このように鹿児島方言には、比較的、語句の後ろのほうにピッチの頂点が出現するという全体的な傾向がある。ドラマの中の西郷さん役の俳優のセリフが、いつも何となく尻上がりに聞こえるのは、そのせいなのだ。

この本では、東京方言だけでなく、日本各地のいろいろな方言のアクセントを比較し、それぞれがどう違うか、そしてそのどこが共通しているのかについて、検討してみることにする。

また、その中でも鹿児島と京都という、東京とはまったく異なるタイプの2つの方言のアクセントに焦点をあてながら、「アクセントとは何か」について、考えてみることにしよう。

さらに本書では、このように方言ごとにアクセントが違ってしまったのはいったいなぜなのか、ということもテーマに取りあげる。

実は、アクセントは、それを使って日本語のいろいろな方言の歴史や系統を探っていくことも可能にしている。このテキストでは、どうしてそのようなことが可能なのかについて解説し、アクセントを使った方言の歴史推理の方法にも触れてみよう。

1.2　位置か種類か──アクセント言語と声調言語

一般的に、声の高さの上げ下げのしかたが違うことを「アクセントが違う」と言っているが、「アクセント」ということばは、このような使い方とは少し違う意味で使われることがある。それは、簡単に言えば、語ごとに覚えなければならない「位置」に関する情報のことを言う。

それでは、東京方言（標準語）を例にとりながら、このことを少し具体的に考えてみよう。

おおよそ日本語の文字の一つひとつに対応する音の「長さ」の単位のことを、「拍（モーラ）」と呼んでいる。

東京方言には、特にその2拍語に、「雨」と「飴」のように、ピッチの上げ下げによって意味が異なってくる語がいくつかある。たとえば「箸」と「橋」は、同じ「ハシ」と発音されるのに、次のようなピッチの違いがある。

(3) 東京方言の「箸」と「橋」のアクセント
　　　　ハ̄シ（箸）　　　ハシ̄（橋）

「箸」は「高低」というピッチパターンで発音されるが、「橋」は「低高」というパターンで発音される。

> **拍（モーラ）による音の数え方**
>
> たとえば「みかん」「1個」という単語は、音節で数えると「み.かん」「いっ.こ」のように2つの単位に区切れるが、拍で数えると「み.か.ん」「い.っ.こ」のように3つの単位にも区切ることができる。俳句や川柳を詠むときには、後者の単位（拍）が使われる。拍で数えるときには、撥音の「ん」、促音の「っ」、長音の「ー」も、その他の文字と同じく1つの拍として数えられる（ただし、「きゃ、きゅ、きょ」の小さい文字「ゃ、ゅ、ょ」は拍ではない）。（詳しくは第7章を参照）

このように、意味を区別するためにことばのある特徴が役立っていることを、「弁別的（あるいは対立的）」と言う。

(3)を見ると、「ハシ」という発音を、○̄○のようなパターンで発音するか、○○̄のようなパターンで発音するかで、意味が違う語ができることがわかる。

つまり東京方言では、ピッチが弁別的に働いているのだ。

第1章　アクセントとは何か

> **Column 2　弁別的─意味を区別する役割─とは**
>
> 　アクセント以外にも弁別的なものはある。たとえば、文字「ア」、「イ」、「エ」にあたる東京方言の母音 /a/、/i/、/e/ は、アキ /aki/（秋）、イキ /iki/（息）、エキ /eki/（駅）という語が存在することからわかるように、それぞれ /a/、/i/、/e/ の部分を入れ替えただけで、違う意味の語になる。このような場合、この3つの母音 /a/、/i/、/e/ は弁別的である、と言う。

　次に、(3) の語の後ろに助詞のガ、カラを付けて文をつくってみよう。

(4)　「箸」と「橋」のアクセント（単独と文中）
　　　‾ハシ（箸）　　　　　　　ハ‾シ（橋）
　　　‾ハシ　が　ある　　　　　ハ‾シ　が　ある
　　　‾ハシ　から　先に取る　　ハ‾シ　から　先に渡(わた)る

　「箸」という語は、単独で発音する場合も、文中でも、つねに第1拍目が高く、それ以降が低くなっていることが (4) からわかる。一方、「橋」のほうは、いつも第2拍目が高く、それ以降が低くなっている。
　つまり東京方言の「箸」と「橋」の違いを決めているのは、この語全体のピッチの頂点が第1拍目にあるのか（箸）、それとも第2拍目にあるのか（橋）、ということである。
　このように東京方言では、ピッチの頂点の「位置」が、語によって定まっていると考えてもよい。このように、位置が弁別的な言語のことを「アクセント言語」と呼び、語ごとに定まっている位置の情報のことを「アクセント（accent）」と呼ぶのである。
　それでは、同じように声の高さ（ピッチ）を意味の区別に使っている中国語のような言語は、日本語とどう違うのだろうか。
　中国語では、1つの音節内部にどのようなピッチパターンが実現するかによって、語どうしが区別されている。たとえば「マー」という音節は、(5) の、①〜④のようなピッチパターンの違いによって、4つの違った意味の語になる。この①〜④のピッチパターンは、上から順に「第1声、第2声、第3声、第4声」と呼ばれることが多い。

(5) 中国語の4種類の声調
　①母［ma:］高い平らな音調
　②麻［ma:］上昇音調
　③馬［ma:］低く下がって徐々に
　　　　　　上昇する音調
　④罵［ma:］下降音調

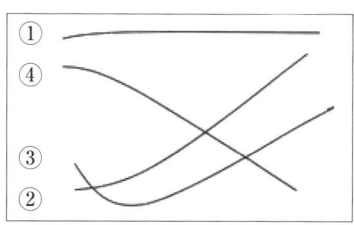

　日本語の東京方言と違って、中国語では「どこで」高さが変わるかということが重要なのではない。それよりも、①〜④のうちの「どの」ピッチ曲線で各語が発音されるか、ということが弁別的なのだ。

　つまり中国語では、語の意味の区別にとって「位置」は重要でなく、音節全体のピッチ曲線が、全体的にどのような形を描くか、ということが弁別的である。このようなピッチ変動のパターン(種類)のことを「声調（tone）」と呼ぶ。そして、中国語のように声調の「種類」が弁別的な言語のことを、「声調言語」と呼んでいる。

　この声調言語と比較してみると、東京方言の持つ特徴がはっきりとする。東京方言では、一つひとつの音節や語全体に「どのような」声調が現れるかということが弁別的なのではなく、1つの語の「どこ（どの拍の後）」でピッチが急に下降するか、ということが弁別的なのだ。

　つまり東京方言では、ピッチの「種類」はあまり問題にしなくてもよいが、「どこで」下がるかという「位置」についての情報は、きわめて重要だ。この点において東京方言は、中国語のような「声調」言語ではなく、「アクセント」言語の一種なのである。

1.3　平板型と起伏型

　さて、東京方言の話にもどり、先ほどのハシ（箸、橋）を例にとってさらに考えてみよう。東京方言にはもう1つ、ハシ（端）という同音異義語があるが、これも他のハシ（箸、橋）とピッチによって区別されている。このことは、これらの語にガ、カラなどの助詞をつけて、「箸がある」「橋から落ちる」のように文をつくった上で、その助詞ガ、カラ

の部分までを取り出して比較してみると、よくわかる。

(6) 東京方言の「箸、橋、端」のアクセント
　　　ハシ（箸）　　　ハシ（橋）　　　ハシ（端）
　　　ハシ が…　　　　ハシ が…　　　　ハシ が…
　　　ハシ から…　　　ハシ から…　　　ハシ から…

　「箸」や「橋」では、助詞が付いても、そのピッチの頂点の位置は変わらない。「箸」はいつも第1拍目が高く、その直後に下がり目があり、「橋」はいつも第2拍目が高く、その直後に下がり目がある。
　これに対して「端」という語は、助詞が付くと、「ハシ（端）、ハシが、ハシから」のように、その助詞も含めた文節全体が高く平板に発音され、その高いピッチが語句の最後の拍まで連続する。
　つまり「端」では、「箸」や「橋」と違って、際立ったピッチの下降がどこにも生じない。このように語句全体を通して急激な下がり目がなく、高いピッチが何拍にもわたって持続するようなアクセント型のことを、「平板型」と呼んでいる。
　実はこの平板型は、現代の東京方言では、ハシ（端）の他にも、「風、魚、鶏、鼠色」（カゼが、サカナが、ニワトリが、ネズミイロが…）など、多くの単語に出現する。

> **Column 3　平板型の外来語**
>
> 　東京方言では、平板型で発音される語は、和語だけではなく、「アメリカ、フランス、イギリス、ガソリン…」などの外来語にも、数多く存在する（また、平板型は「パソコン、セクハラ、連ドラ、合コン、イケメン、イタメシ…」、などといった複合省略語にも、よく現れる）。
> 　さらにドラマ、セミナー、スニーカーなど、かつては起伏型で発音されていた語が平板型に次第に変化していく「平板化」という現象も、東京方言で現在進行中だ。平板型は、（東京方言では）実は勢力のあるアクセント型である。つまりこれは、もともとその所属語彙の数が多く、また今後もそのメンバーが増え続ける可能性をもった型である。

これに対し、「箸」（それらを含む文節）は、ハシ（箸）、ハシガ、ハシカラ、「橋」はハシ（橋）、ハシガ、ハシカラのように、どこかで必ず下がって終わっている。この「箸」や「橋」のように、どこかに下降が現れるアクセント型は、「起伏型」と呼ばれている。

東京方言では、平板型か、起伏型か、ということが重要な意味を持つのだが、これについては第3章でもう一度、見ていくことにしよう。

発展編

1.4 高さアクセントと強さアクセント

ところで、「アクセント言語」と言うと、まっさきに思いつくのは英語ではないだろうか。英語にも、東京方言と似たような「位置」による単語の区別があるので、英語は日本語と同じ「アクセント言語」である。

たとえば、英語の名詞と動詞のペア éxport（輸出）と expórt（輸出する）、または、présent（プレゼント）と presént（提示する）は、「アクセントが第1音節にあるか、第2音節にあるか」によって、その品詞の違いが示される。

このように英語も、「どこ」にアクセントがあるかという情報が弁別的なので、「アクセント言語」である。

しかし、日本語と英語のアクセントの実現のしかたには、少し違いがある。日本語とは違って英語では、アクセントの置かれた音節と置かれていない音節の差をつけるのに、声の高さだけではなく、音節全体の長さ、声の大きさ、母音の音色の違いなど、ピッチ以外のいろいろな特徴を使う傾向がある。

たとえば英語の présent（プレゼント）と presént（提示する）の第1音節（pre の部分）は、アクセントが置かれた前者のほうが、アクセントの置かれていない後者よりも、ずっと長めに発音される。英語のアクセントは、音節の長さにも影響を与えると言ってよい。

また英語では、アクセントの置かれた音節には [ou]、[ai]、[ei]、[æ]、[ɑ] などさまざまな母音が現れるのに対して、アクセントのない音節

に現れる母音は、（[ə] を代表とした）ごく限られた音色のものだけに限られている。つまり英語では、アクセントの有・無が、その母音の音色の違いにまで反映すると言える。

そのため英語では、ある1つの語形に接尾辞が付くなどして、そのアクセントの位置が変化すると、それに応じて母音の質までがらりと変わってしまう、というようなことさえ起こる。たとえば、次の単語のペアの下線部に注目してみよう。

(7) アクセントの位置と母音の音色（英語）
　　phótogràph /f<u>ou</u>t<u>ə</u>græf/　〜　photógrapher /f<u>ə</u>t<u>ɑ</u>grəfər/

ph<u>o</u>tograph（写真）の第1音節 pho の部分の母音は [ou] なのだが、それが ph<u>o</u>tographer（写真家）になると [ə] に変化してしまう。これに対して、第2音節の to の母音は、phot<u>o</u>graph では [ə] なのに、phot<u>o</u>grapher になると [ɑ] に変化するのだ。

このように英語では、アクセントの有無が母音の音色にまで影響すると言えるだろう。しかし、このような母音の音色の極端な違いは、日本語のアクセント現象には、あまり見られない。

こうして見ると、同じアクセント言語であっても、英語と日本語のアクセントの実現のしかたには相当な違いがある。このような性質の違いをとらえるために、英語のような特徴を持つ言語を、「ストレス（強さ）アクセント言語 (stress-accent language)」、日本語のような言語を「ピッチ（高さ）アクセント言語 (pitch-accent language)」と呼んで区別することもある。

日本語は、主として「声の高さ（ピッチ）」が弁別的に働いているタイプの、一種の「アクセント言語」なのである。

1.5　イントネーションとアクセントの違い

東京方言をはじめとする多くの日本語の方言では、声の高さ（ピッチ）を語の意味を区別するために(つまり弁別的に)使っている。しかしピッ

チの使い道は、単に語の意味の区別だけではない。

　その他にもピッチは、語より大きい単位、すなわち文や発話のレベルでも大きな役割を担っている。つまり、文の焦点（フォーカス）がどこにあるかを示したり、発話に込められた話者の感情を表出したりするためにも、私たちはピッチを利用しているのである。

　このようなピッチの働きのことを、「イントネーション」と言う。

　ためしに、次の発話（8）を、(a)、(b)の2つの違った意味で発話し分けてみよう。(8a)の場合は、「おととし」の部分が高くなるのに対し、(8b)の場合は、「パリ」の部分が高くなっていることに気づくだろう。

(8) ピッチによる発話の焦点の違い
　おととしパリに行ったんだよ。
　a. パリに行ったのは、（去年じゃなくて）おととしだよ。
　b. おととし行ったのは、（ロンドンじゃなくて）パリだよ。

　じっくり観察してみると、(8a)では、「おととし」以降の「パリに行ったんだよ」の部分のピッチが急激に低くなって、それが最後まで低く抑えられる。それに対して（8b）の場合は、「パリに」以降、つまり「行ったんだよ」の部分が低く抑えられる。

　このように私たちは、発話レベルのピッチの上がり下がりを調節することによって、その発話の焦点がどこにあるか——つまり、どこに強調点を置いて発話しているのか——を伝えている。

　たとえば、(8a)では発話の焦点は「おととし」にあり、(8b)では「パリ」の部分にある。ピッチはこのように、発話の焦点の違いを示すのにも役立っている。

　次に、(9)の2つの文を、東京方言でどのように言い分けているか、考えてみよう。

(9) 発話の文末のピッチ変動
　a. えっ！　明日もここに来るんですか？（↑）
　b. やっぱり…。明日もここに来るんですか。（↓）

第1章　アクセントとは何か

(9a)では、話し相手が明日もここに来ることを知ってびっくりした、という気持ちを表現している。この場合、東京方言では文末の「か」の部分を急激な上昇調（↑）で発音する。これに対して(9b)は、あらかじめ予測していた（あまりよくない）事態が、思ったとおりに起こってしまったことを暗示している。このような「落胆」の気持ちを込めて発話される場合、文末の「か」は、それ以前の「です」よりも低く発音され、やや下降ぎみのパターン（↓）で発音される。このように、私たちは、声の上昇や下降の度合いをいろいろと調節しながら、発話時の微妙な感情も表現し分けている。

　このようにピッチは、発話の焦点を明示したり、発話に伴う感情を表現したりするのにも役立っている。しかし、このようなピッチの使い方は、「箸」「橋」「端」などの例で見たような、単語どうしの意味の区別を示す働きとは関係がない。

　(8)や(9)で見た例は、単語レベルの機能ではなく、発話レベルでのピッチの働きを示すので、このような現象を「アクセント」とは区別して、「イントネーション」と呼んでいる。

　文字で書くとまったく同じになってしまうこのような違いも、話し言葉では、ピッチの頂点の位置や、その上がり方や下がり方を調節することによって、きちんと表現し分けている。

> ### column 4 「きれいな空と海」の2つの意味
>
> 　イントネーションには、焦点表示や感情表出の機能があるだけではなく、文の「構造」の違いを示す役割もある。たとえば、次の文を、(a)と(b)の2種類の意味で発音し分けてみよう。発話全体のピッチ曲線も、それによって変わってくることがわかるだろう。
>
> 　　その窓からは、きれいな空と海が見えた。
> 　　　a. 空と海の両方がきれいだった、という意味
> 　　　b. きれいなのは空で、海はそうではなかった、という意味
>
> 　これは、「きれいな」という形容詞が「空と海」両方を修飾しているか、それとも「空」だけを修飾しているか、という文構造の違いである。このような違いを示すための声の高さの使い道も、アクセントではなく、イントネーションとされている。

> **読書案内●**(さらに知りたい人のために)
>
> 川越いつえ(2007)『新装版 英語の音声を科学する』(CD付)大修館
>   (第10章に日英語のアクセントの違いについての解説がある。)
> 田中真一／窪薗晴夫(1999)『日本語の発音教室―理論と練習』(CD付)
>   くろしお出版(第3章と第4章で、アクセントの役割やイントネーションの機能について、具体例をあげ、わかりやすく解説している。)
> 斎藤純男(2009)『日本語音声学入門』(改訂版) 三省堂
>   (第4章と第5章に、アクセント、イントネーションとは何かについての説明がある。)

第1章／練習問題

次の(1)～(15)までの2拍の名詞は、東京方言では、「a. 箸」「b. 橋」「c. 端」のうち、どれと同じアクセントを持っているだろうか。助詞の「ガ」や「カラ」を付けながら、分類してみよう(NHK編『日本語発音アクセント辞典』を参照するとわかりやすい)。

　　　a. ハ̄シガ (箸)　　　b. ハシ̄ガ (橋)　　　c. ハ̄シ̄ガ̄ (端)

(1) 空　　(2) 蟻(あり)　　(3) 網(あみ)　　(4) 鼻　　(5) 虫
(6) 花　　(7) 傘(かさ)　　(8) 池　　(9) 桶(おけ)　　(10) 声
(11) 鳥　　(12) 星　　(13) ドア　　(14) バス　　(15) ゴム

第2章 アクセントのしくみ

ポイント解説 東京方言では、語ごとに覚えておくアクセント情報は、ピッチの「下がり目」の有無とその位置だけでよい。その下がり目に注目して分類してみると、名詞にはその拍数に応じてアクセント型の数が規則正しく増えていくような「体系」があることがわかる。

Keyword ▶アクセントの型、アクセント体系、n+1型体系、核、アクセント規則、昇り核、下げ核

基本編

2.1 アクセントは体系を持つ ── 1〜4拍名詞のアクセント

前の章では、「箸、橋、端」を例にして、東京方言の2拍名詞のアクセントの区別には、次のような3つがあることを見てきた。

(1) 東京方言の2拍名詞のアクセント3種類

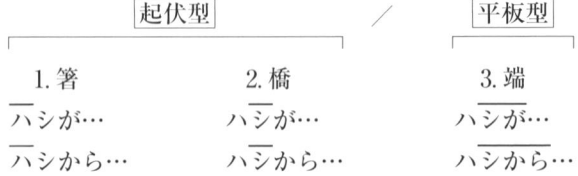

東京方言の2拍名詞を集めてみると、どんな名詞のアクセントもこの3つのタイプ(「箸」、「橋」、「端」)のどれかと同じピッチパターンを持つ。たとえば、「ソラ（空）、ウミ（海）、フネ（舟）」は「箸」と同じ、「ヤマ（山）、カワ（川）、ハナ（花）」は「橋」と同じ、「トリ（鳥）、カゼ（風）、ハナ（鼻）」は「端」と同じアクセントである。

東京方言の2拍名詞のピッチパターンには、この3種類しかない。

このように、各方言によって拍数に応じて数が定まっているピッチパターンのことを、アクセントの「型（かた）」と言う。東京方言では、たとえば

「空、海、舟」は「箸」と同じ型を持ち、「山、川、花」は「橋」と同じ型を持ち、「鳥、風、鼻」は「端」と同じ型を持つ、と言う。

では、もっと長い単語はどうなっているのだろうか。

そこで、3拍名詞のオヤコ（親子）、イトコ（従兄弟）、オトコ（男）、コドモ（子ども）という4つの語を例にとって、それに助詞のガ、カラを付けて文をつくってみよう。そのアクセントは次のようになる。

(2) 東京方言の3拍名詞のアクセント4種類
オ̄ヤコが…　　イト̄コが…　　オトコ̄が…　　コドモが…
オ̄ヤコから…　イト̄コから…　オトコ̄から…　コドモから…

オヤコは●̄○○（ガが付くと●̄○○ガ）、イトコは○●̄○（ガが付くと○●̄○ガ）、オトコは○○●̄（ガが付くと○○●̄ガ）、コドモは○○○（ガが付くと○○○ガ）となる。

そのうちオ̄ヤコ、イト̄コ、オトコ̄は、下がり目がどこかにかならずあるので「起伏型」で、コドモには下がり目がどこにもないので「平板型」である。

> **オト̄コとコドモのアクセント**
>
> オト̄コ（男）とコドモ（子ども）のアクセントの違いは、語単独だとわかりにくいが、助詞のガやカラなどを付けるとはっきりする。オトコの場合はオトコ̄ガ、オトコ̄カラのように助詞の直前に下降が出現するのに対して、コドモのほうはコドモガ、コドモカラのように助詞を付けてもどこにも下降が生じない。したがって、この2つの語は違うアクセント型を持っていることがわかる。

先ほど見た2拍名詞と同様、東京方言で3拍の名詞を集めてみると、かならず(2)の4つの型のどれかと同じアクセント型を持つことがわかる。たとえば、「命（イ̄ノチ）、朝日（ア̄サヒ）、烏（カ̄ラス）」はオ̄ヤコ（親子）と同じ型、「団扇（ウチ̄ワ）、卵（タマ̄ゴ）、蕎麦屋（ソバ̄ヤ）」はイト̄コ（従兄弟）と同じ型、「言葉（コト̄バ）、袋（フク̄ロ）、女（オン̄ナ）」はオト̄コ（男）と同じ型、「魚（サカナ）、大人（オトナ）、車（クルマ）」

はコドモ（子ども）と同じ型を持っている。東京方言の3拍名詞には、この4種類の型しかない。

　次に、4拍の名詞コスモス、ウグイス（鶯）、アオゾラ（青空）、イモート（妹）、アメリカという名詞に、助詞のガ、カラを付けてみよう。そうすると、次のように4拍名詞には5つの型があることがわかる。

(3)　東京方言の4拍名詞のアクセント5種類
　　コスモスが　　　ウグイスが　　　アオゾラが　　　イモートが　　　アメリカが
　　コスモスから　　ウグイスから　　アオゾラから　　イモートから　　アメリカから

　このうち「アメリカ」は平板型で、それ以外はすべて起伏型である。
　東京方言で4拍の名詞を集めてみると、かならず(3)にある5種類の語のどれかと同じアクセント型を持つ。たとえば、「コーロギ（蟋蟀）、カマキリ（蟷螂）」はコスモスと、「アサガオ（朝顔）、ヒマワリ（向日葵）」はウグイスと、「カラカサ（唐傘）、デンワキ（電話機）」はアオゾラと、「オトート（弟）、イチニチ（一日）」はイモートと、「ユウガタ（夕方）、ノラネコ（野良猫）」はアメリカと、それぞれ同じ型を持っている。
　東京方言の4拍名詞にはこの5種類の型しかない。
　今度は、もっと短い単語はどうなるのか見てみよう。東京方言の1拍名詞には、(4)の「絵」と「柄」が示すように、2つの型がある。
　「絵」と「柄」の違いは語単独ではわかりにくいが、ガ、カラなどの助詞を付けてみると、次のように、その違いが見えてくる。

(4)　東京方言の1拍名詞のアクセント2種類
　　絵が　　　　　　柄が
　　絵から　　　　　柄から

　「絵」は、助詞ガ、カラの直前、つまりその名詞の直後に下がり目があるのに対して、「柄」のほうは、助詞を付けても下降が出現しない。つまり前者は起伏型で、後者は平板型である。
　東京方言の1拍名詞は、かならずこの2つの型のどちらかを持つ。た

とえば、「木（キ）、歯（ハ）、火（ヒ）、手（テ）、目（メ）」は「絵」と同じ起伏型なのに対し、「気（キ）、葉（ハ）、日（ヒ）、蚊（カ）、血（チ）」は、「柄」と同じ平板型のアクセントを持っている。

1拍名詞には、この2種類の型しかない。

2.2 アクセントの体系

ここで、これまで扱ってきた東京方言の名詞のアクセント型についてまとめてみよう。

まず各語を平板型か起伏型かによって分類し、起伏型についてはどの拍に核（下がり目）があるかに従って整理した上で、すべての名詞を並べなおしてみると、(5) のようになる。

(5) **東京方言のアクセント体系 1**

	[1拍語]	[2拍語]	[3拍語]	[4拍語]	
0.	エが（柄）	ハシが（端）	コドモが	アメリカが	（平板型）
1.	エが（絵）	ハシが（箸）	オヤコが	コスモスが	（起伏型）
2.		ハシが（橋）	イトコが	ウグイスが	（〃）
3.			オトコが	アオゾラが	（〃）
4.				イモートが	（〃）

これを見るとわかるように、東京方言のアクセントは、各語の拍数に応じて、規則正しく型の数が増加していくような「しくみ」になっている。このような整然とした言語のしくみのことを「体系」と呼んでいる。

つまり、東京方言のアクセントは体系を成している。

東京方言のアクセント体系では、1拍名詞に2つの型、2拍名詞に3つの型、3拍名詞に4つの型、4拍名詞に5つの型がある。つまり、各名詞の拍数よりアクセント型の数のほうが1つずつ多くなっているという、整然としたしくみがある。

今、それぞれの名詞の拍の数を変数 n で表すとすると、それぞれの拍数の単語は n+1 個の型を持っていることになるので、このような体

系のことを「n+1型体系」と呼んでいる。

東京方言は、n+1型アクセント体系の代表と言ってもよいだろう。

> **Column.2 n+1型アクセント体系の分布**
>
> 「n+1型体系」は、東京だけでなく日本各地に広く分布している。青森県や岩手県、秋田県などの東北地方や、静岡県、長野県、愛知県などの中部地方にも広範囲に見られる。また、関西をとび越して、鳥取県、広島県、岡山県、山口県などの中国地方にも分布している。さらに北九州市、大分市などの北九州の一部にも、このタイプのアクセント体系が見つかっている。その中には東京とは少しずつ性質が異なる方言がいろいろ含まれてはいるが、一般的に言えば、このn+1型体系は、日本語諸方言の中で、最も広範囲にわたって観察されるアクセントのしくみである。

2.3 核とは何か

ところで、オヤコ（親子）は￣○○、イトコ（従兄弟）は○￣○￣といったように、もし各語に含まれるそれぞれの拍について、それが高いか低いかを、単語ごとに丸ごと記憶していたら、膨大な情報量を頭の中に蓄えていなければならなくなってしまう。しかし、実際に覚えておく情報は、ごくわずかでよいのだ。

第1章で、東京方言では語全体に「どのような」声調が現れるかということが弁別的なのではなく、1つの語の「どこ（どの拍の後）」でピッチが急に下降するかが弁別的な情報である、と述べた。このように各方言で、語ごとに覚えておく「位置」に関わる情報のことを、アクセントの「核」と呼ぶ。

つまり東京方言では、語ごとに覚えておくべき情報は、その語が核を「持つか、持たないか」、そしてもし持つとすれば、その核が「どこにあるか」だけでよい、ということになる。

今、東京方言でその直後にピッチが急激に下がる拍に、核を示す記号「 ＇ 」を付けて示すことにしよう。そうすると、たとえば（2）で示した3拍の名詞は、次のようになる。

(6) 核によって示した東京方言の3拍名詞のアクセント

　　　　オ'ヤコ　　イト'コ　　オトコ'　　→　起伏型
　　　　コドモ　　　　　　　　　　　　　→　平板型

　(6)は、オ'ヤコ（親子）は第1拍目に核があり、イト'コ（従兄弟）は第2拍目、オトコ'（男）は第3拍目に核があることを表している（これらはすべて起伏型だが、いずれもどこかに核を持つので、「有核型」とも言う）。これに対して、コドモ（子ども）はどこにも核を持たない（これは平板型だが、核を持たないので「無核型」とも言う）。

　東京方言の話し手の頭の中には、たとえば「オ'ヤコ」という語は第1拍目に核があり、「イト'コ」は第2拍目に核があり、「コドモ」にはどこにも核がない、というように、各語について、その核の有無とその位置についての情報だけが蓄えられていると考えられる。

　このように東京方言の場合、核（下がり目）がどこにあるかは、語ごとにどうしても覚えておかなければならない情報である。しかしそれ以外の情報（どこでピッチが上がるのか、等）は、多くの場合に共通している。たとえば、各語のどこでピッチが上がるかは、各語が固有に持っている性質によって決まるのではなく、東京方言の全体的な特徴の1つである（詳細は第4章を参照）。このような情報は、語ごとに一つひとつ記憶しておかなくてもよい。

2.4　東京方言のしくみ

　さて、先ほど見た東京方言の体系 (5) を、今度は「核」（東京方言の場合は、下がり目の位置）だけを用いて書きなおしてみよう。

(7) 東京方言のアクセント体系2（核で表示した場合）

	［1拍語］	［2拍語］	［3拍語］	［4拍語］	
0.	エガ（柄）	ハシ（端）	コドモ	アメリカ	（無核型）
1.	エ'（絵）	ハ'シ（箸）	オ'ヤコ	コ'スモス	（有核型）
2.		ハシ'（橋）	イト'コ	ウグ'イス	（〃）

3.　　　　　　　　オトコ˺　アオゾ˺ラ　（〃）
4.　　　　　　　　　　　　イモート˺　（〃）

　(7)のように核だけで表示してみると、東京方言のアクセントがバランスのとれた体系を成していることが、一層、明らかになる。

　東京方言では、「核があるか（有核型）、ないか（無核型）」、そして「あるならば、それが何拍目にあるか」ということによって、頭の中がn+1型の体系にきれいに整理されている様子が、はっきりわかる。

　このように、アクセントに関する情報は、けっして無秩序に私たちの頭の中に蓄えられているのではなく、合理的なしくみに従って、整然と整理されながら蓄えられている。これは東京方言だけではなく、各地の方言のアクセントでも同じである。

発展編

2.5　方言の違いと共通性

　これまで、東京方言ではピッチの「下がり」目が弁別的だということを見てきた。これに対して日本語の諸方言の中には、ピッチの「上がり」目が弁別的なものもある。

　次の弘前方言のアクセントを見てみよう。(8)は、各名詞に、助詞のモを付けて、「風も。」「猿も。」のように、言い切ったときの弘前方言のアクセント型を示している。なお、○̈は、中くらいの高さのピッチの山を示す。以下このような音調を「中音調（ちゅう）」と呼ぶ。

(8)　**青森県弘前方言のアクセント**

	[1拍語]	[2拍語]	[3拍語]	[4拍語]
0.	エ̈も（柄）	カゼ̈も	コドモ̈も	タケノコ̈も
1.	エ‾も（絵）	‾サルも	‾クジラも	‾カズノコも
2.		ヤ‾マも	ア‾ヤメも	オ‾ニギリも
3.			カガ‾ミも	クダ‾モノも

4.　　　　　　　　　　　　　　　カンヅ̄メも

　この方言でも、東京と同じく、名詞はn+1型の体系を持っている。さらに東京と同じように、「核があるか（有核型）、ないか（無核型）」、「あるならば、それが何拍目にあるか」ということによって、アクセント型が区別されている。

　しかし、(8) をじっくり見てみると、この弘前方言には、同じn+1型の体系を持つ東京方言とは、1つだけ、まったく違う特徴があることがわかってくる。

　たとえば弘前方言の3拍の名詞のアクセントを見てみよう。クジラ（鯨）という語は「○○○̄モ」、アヤメ（菖蒲）は「○○̄○モ」、カガミ（鏡）は「○○○̄モ」のような型で出現している。ピッチの下がり目に注目すると、その位置はどの単語にも共通していて、各文節の最後の拍にあることがわかる。

　どうやら、この方言では、「下がり目」の位置は弁別的な情報ではないらしい。

　これに対して、今度はピッチの「上がり目」の位置に着目してみると、それは単語ごとに異なっていることがわかる。まずクジラでは「ク̄ジラも」のように1拍目からいきなりピッチが高く始まっている。次に、アヤメでは「アヤ̄メも」のように2拍目からピッチが上がっている。そしてカガミでは、「カガミ̄も」のように、3拍目に上がり目がある。

　つまり、弘前方言では、ピッチがどこで「下がる」かではなく、どこで「上がる」かが弁別的である。つまりこの方言では、単語ごとに覚えておかなければならない情報は、ピッチの「下がり目」ではなく、「上がり目」の位置なのである。

　このような「上がり目」によって示される核のことを、「昇(のぼ)り核」と呼んでいる。これに対して、東京方言のように「下がり目」が弁別的で、核の位置が下がり目を示すような方言を、「下(さ)げ核」の方言と呼ぶこともある。

　さて、ピッチの上がり目の位置を「　のような記号で示すことにすると、先ほどの弘前方言の体系(8)は、次のように書きかえることができる。

(9) 弘前方言のアクセント体系（核で表示した場合）

	[1拍語]	[2拍語]	[3拍語]	[4拍語]	
0.	エ（柄）	カゼ（風）	コドモ	タケノコ	（無核型）
1.	⌈エ（絵）	⌈サル（猿）	⌈クジラ	⌈カズノコ	（有核型）
2.		ヤ⌈マ（山）	ア⌈ヤメ	オ⌈ニギリ	（〃）
3.			カガ⌈ミ	クダ⌈モノ	（〃）
4.				カンヅ⌈メ	（〃）

　弘前方言でも「核があるか（有核型）、ないか（無核型）」、そして「あるならば、それが何拍目にあるか」ということによって、頭の中がn+1型の体系にきれいに整理され、合理的なしくみを持っていることがわかった。

　さて、東京は「下げ核」の方言で、弘前は「昇り核」の方言だということがわかった。しかしこのような違いがあっても、両者は、同じn+1型のアクセント体系を持っていることに変わりはない。今、下げ核か、昇り核か、という違いは考慮に入れず、両者の核の位置を、単に「＊」のような記号で示すとする。すると、どちらの方言も、次のようなアクセント体系を持っていることになる。

(10) 東京方言と弘前方言のアクセント体系（核で表示した場合）

	[1拍語]	[2拍語]	[3拍語]	[4拍語]	
0.	○	○○	○○○	○○○○	（無核型）
1.	＊○	＊○○	＊○○○	＊○○○○	（有核型）
2.		○＊○	○＊○○	○＊○○○	（〃）
3.			○○＊○	○○＊○○	（〃）
4.				○○○＊○	（〃）

　弘前と東京のアクセントは、表面のピッチパターンについてはかなり異なっているように思えるのだが、実は、両者は、非常に似通ったしくみを持っていると言える。

このように、日本語の方言の多くは、そのアクセントに関する情報が、均整のとれた体系によって分類・整理されながら、頭の中に蓄えられている。

> **読書案内**●（さらに知りたい人のために）
> 上野善道（1977）「日本語のアクセント」『岩波講座日本語 音韻』 岩波書店
> 　（諸方言のアクセント体系のしくみと、その違いについての解説がある。）

第2章／練習問題

東京方言の漢語動詞のアクセント

ア．東京方言の漢語のアクセントにも、平板型と起伏型の2種類がある。次の例にならって、(1)〜(12)の漢語が、それぞれ、平板型、起伏型のうち、どちらの型を持っているか、分類してみよう。また、起伏型の場合は、どこに核（下がり目）が出現するかについても観察し、核のあるところに「'」を付けてみよう。

例：記念　キネン、キネンが　→　平板型
　　努力　ドリョク、ドリョクが
　　　　　→　起伏型（ド'リョク、1拍目に核（下がり目）を持つ）
(1) 保存　(2) 許可　(3) 理解　(4) 料理　(5) 準備　(6) 成功
(7) 研究　(8) 説明　(9) 繁盛　(10) 教育　(11) 後悔　(12) 公開

イ．次に、この漢語に「する」を付けて動詞をつくり、そのアクセントが平板型か、起伏型かを検討してみよう。また、起伏型の場合は、どこに核（下がり目）が置かれているか観察し、核のあるところに「'」を付けてみよう。

例：記念する　キネンスル　→　平板型
　　努力する　ドリョクスル
　　　　→　起伏型（ド'リョクする、ドの後に核（下がり目）を持つ）

(1) 保存する　(2) 許可する　(3) 理解する　(4) 料理する
(5) 準備する　(6) 成功する　(7) 研究する　(8) 説明する
(9) 繁盛する　(10) 教育する　(11) 後悔する　(12) 公開する

　漢語名詞と、それに「する」を付けてできた動詞との間には、どのような関係があるだろうか。

第3章 アクセントの規則

ポイント解説 名詞がn+1型の体系を持つのに対して、東京方言の動詞、形容詞には、拍数にかかわらずアクセントの核が「あるか、ないか」の違いだけで区別される2つの型しかない。この情報をもとにして、動詞、形容詞から派生した名詞や動詞のアクセントの型も、規則的に決まる。

Keyword ▶動詞・形容詞のアクセント、語形変化、語形、派生、派生語

基本編

3.1 動詞のアクセント

　東京方言の「聞く、開ける、教える」という3つの動詞は、それぞれ語の長さが違うが、1つの共通点がある。すべての動詞が、○○̄、○○○̄、○○○○̄のように高いピッチで終わることだ。つまり、どれも平板型（無核型）のアクセント型を持っている。

　これに対して、「書く、閉める、調べる」という3つの動詞もやはり共通点を持っている。○̄○、○○̄○、○○̄○○のように、かならず低いピッチで終わることだ。つまり、どれも起伏型（有核型）のアクセント型を持っている。

　東京方言の動詞を、(1) のようにいろいろ集めてみると、どんな動詞のアクセントも、かならずこの2種類（平板型、起伏型）のどちらかに属すことがわかる。

(1) 動詞の2種類のアクセント（終止形の場合）

　平板型　聞く（○○̄）、行く（○○̄）、飛ぶ（○○̄）、置く（○○̄）
　　　　　遊ぶ（○○○̄）、上がる（○○○̄）、始める（○○○○̄）…

　起伏型　書く（○̄○）、読む（○̄○）、見る（○̄○）、取る（○̄○）、
　　　　　起きる（○○̄○）、下がる（○○̄○）、集める（○○○̄○）…

　第2章では、東京方言の名詞は、その拍数に応じて型の数が1つずつ

増えていく「n+1型体系」を持っていることを見た。また名詞については、①核が「あるか、ないか」、②あるならば「どこに」あるか、という2種類の情報を覚えておかなければならないこともわかった。

これに対して動詞は、名詞とは異なり、語の拍数に応じて型の数が増加していくということがない。もともと、①最後が上がったまま終わる型（平板型）、②どこかで下がって終わる型（起伏型）、の2種類しかないからである。

東京方言の動詞のアクセントで弁別(べんべつ)的なのは、その動詞が「平板型か、起伏型か」――つまりそれに核が「あるか、ないか」――という情報だけである。

> **Column.1　平板型、起伏型の弁別性（動詞）**
>
> 次の東京方言の動詞の各ペアは同訓異義語だが、アクセントの型の違いによって、意味の区別が成されていることがわかる。
>
> | 平板型（無核型） | | 起伏型（有核型） |
> |---|---|---|
> | （毛糸を）巻く（○○） | 対 | （種を）蒔く（○○） |
> | （旗を）振る（○○） | 対 | （雨が）降る（○○） |
> | （物を）買う（○○） | 対 | （猫を）飼う（○○） |
> | （鐘が）鳴る（○○） | 対 | （大人に）成る（○○） |
> | 腫(は)れる（○○○） | 対 | 晴れる（○○○） |
>
> ここから、動詞は、「平板型（無核）か、起伏型（有核）か」ということが弁別的に働いていることがわかる。

さらに起伏型の動詞の場合、その下降の位置は、動詞の形に応じて、いつも特定の場所に現れる。たとえば（1）は、動詞の終止形のアクセントを示しているが、起伏型の動詞を見ると、その核（下がり目の位置）はつねにその<u>語末から数えて2つめの拍</u>に置かれていることがわかる。

このように起伏型の動詞の下がり目の位置がどこにくるかは、完全に予測できる。

第3章　アクセントの規則

3.2 語形変化とアクセントの位置

　動詞や形容詞が、過去形や否定形などになってその形を変えることを「語形変化」と言う。たとえば「書く」という動詞は、「書いた」「書かない」「書いて（くる）」「書きに（いく）」「書けば」などのように、語形変化する。

　東京方言では、動詞が語形変化しても、平板型と起伏型のアクセントの区別は保たれる。たとえば、平板型の動詞「聞く」と、起伏型の動詞「書く」を例にとって見てみよう。(2) を見ると、すべての語形で、平板型と起伏型の区別が保たれていることがわかる。

(2)「聞く」と「書く」のアクセント比較

	基本形	過去形	否定形	テ形	連用形	仮定形
平板型	聞く	聞いた	聞かない	聞いて	聞き（にいく）	聞けば
起伏型	書く	書いた	書かない	書いて	書き（にいく）	書けば

　このように動詞が語形変化する場合にも、各語形がどのようなアクセント型で出現し、その下がり目がどこにあるかは、規則によって導き出すことができる。

　まず、過去形のアクセントを見てみよう。動詞の過去形は、「始め−た」「集め−た」のように、基本的には動詞の語幹に−タという接尾辞を付けることによってつくられる。各語形のアクセントがどうなるのか、「聞く、知る、始める、比べる、働く、書く、切る、集める、調べる、驚く」という動詞を例にとって見てみよう。

(3) 東京方言の動詞の過去形のアクセント

平板型	聞いた	知った	はじめた	くらべた	はたらいた
起伏型	書いた	切った	あつめた	しらべた	おどろいた

　(3) を見ると、平板型の動詞は「聞いた、知った、はじめた…」のように、接尾辞−タが付いても、つねに平板型になっている。これに対して起伏

型の動詞は、「書いた、切った、あつめた…」のように、かならず下がって終わっている。

そしてその起伏型の下降は、動詞全体の長さに関わりなくいつも定位置に出現している。その下がり目は、カ゜イータ、シラ゜ベータ、オドロ゜イータのように、動詞全体の長さに関係なく、<u>後ろから数えて3つ目の拍</u>（接尾辞－タの位置から数えるとその2つ前の拍）に出現している。

否定形のアクセントについても、同じことが言える。動詞の否定形は、たとえば「始め－ない」「集め－ない」のように、動詞の語幹に接尾辞－ナイを付けることによってつくられるが、そのアクセントは次のようになる。

(4) 東京方言の動詞の否定形のアクセント
　　平板型　聞かない　知らない　はじめない　くらべない　はたらかない
　　起伏型　書かない　切らない　あつめない　しらべない　おどろかない

平板型の動詞は、「聞かない、知らない、はじめない…」のように、接尾辞－ナイが付いても、全体が平板型となる。これに対して起伏型の動詞は、どれもかならず下がって終わり、その下降は、「書かない、切らない、あつめない…」のように、動詞の長さに関係なく<u>語末から数えて3拍目</u>（接尾辞－ナイの位置から数えると、その直前）に出現している。

このように起伏型の動詞の語形のピッチの下がり目は、動詞の長さに関係なく、つねに定位置に置かれる。

これに対して仮定形は、「始め－れば」のように、語幹に－レバを付けることによってつくられるが、そのアクセントは次のようになる。これまで見てきた過去形や否定形と違って、仮定形の場合は、平板型の動詞のほうにも下がり目がある。

(5) 東京方言の動詞の仮定形のアクセント
　　平板型　聞けば　知れば　はじめれば　くらべれば　はたらけば
　　起伏型　書けば　切れば　あつめれば　しらべれば　おどろけば

しかし、その平板型の動詞の下降も、起伏型の動詞とは違うところに出現していることがわかる。平板型の動詞の場合は、－レバの最後のバの直前に下降が現れ、起伏型の動詞の場合は、そのバの位置を起点に、後ろから数えて2拍前に下降が出現する。

つまり、動詞の語形はすべて、その下降の出現する位置が規則的に決まると言ってよい。そしてそれは、語頭から数えるのではなく、<u>語末から数えること</u>によって、よくわかる。

このように、動詞の語形変化におけるアクセントの位置は、自動的に決まってくるため、それぞれの語形がどのような型で出現するかは、動詞ごとに覚えておく必要がない。覚えておかなければならないのは、その動詞が「平板型」か「起伏型」か、という情報だけである。

3.3　形容詞とその語形のアクセント

東京方言では、形容詞にも、その長さとは関係なく平板型（無核型）と起伏型（有核型）の2種類しかない。次の例を見てみよう。「固い、丸い」は平板型で、「弱い、怖い」は起伏型である。

(6) 東京方言の形容詞の2種類のアクセント

平板型	固い(カタイ) 〜 固いもの(カタイ…)　固くなる(カタク−ナル)
	丸い(マルイ) 〜 丸いもの(マルイ…)　丸くなる(マルク−ナル)
起伏型	弱い(ヨワイ) 〜 弱いもの(ヨワイ…)　弱くなる(ヨワク−ナル)
	怖い(コワイ) 〜 怖いもの(コワイ…)　怖くなる(コワク−ナル)

たとえばアツイという形容詞には、「(この本は) 厚い」という意味と、「(今年の夏は) 暑い、(ヤカンから出た湯気が) 熱い」という意味のものがある。この同音異義語のアクセントを見ると、「厚い」は平板型（アツイ）で、「暑い、熱い」は起伏型（アツイ）である。つまり、平板型と起伏型というアクセントの違いが、弁別的に働いている。

このように、形容詞にも、平板型と起伏型の2つの種類がある。

> **Column.2 2度目の下降**
>
> 起伏型のナル形は、(6)では、便宜的に「ヨワク‐ナル」のように書いてあるが、実際は、語句の頭の ヨ のところで下がり目が生じた後、接尾辞ナルの第1拍目の後ろで2度目の下降が生じている。このようなピッチパターンを図にしてみると、次のようになる。
>
> 　　　　ヨʼ
> 　　　　　　ワク ナʼ
> 　　　　　　　　　ル
>
> 1つのアクセント単位の中に2つ以上の下降が生じた場合は、このテキストでは、1回の下降ごとに] という記号（下降記号と呼ぶ）を付け、たとえば [ヨ]ワクナ]ル のように示すことがある（[は急激な上昇を示す）。この本では、他にも、この下降記号を使ってピッチパターンを示すことがある。

東京方言の代表的な形容詞を、それが平板型か、起伏型かによって分類してみると、次のようになる。

(7) 東京方言の2種類の形容詞

平板型	赤い(アカイ)	甘い(アマイ)	浅い(アサイ)
(○○○)	重い(オモイ)	丸い(マルイ)	固い(カタイ)…

起伏型	白い(シロイ)	辛い(カライ)	深い(フカイ)
(○○○)	近い(チカイ)	怖い(コワイ)	強い(ツヨイ)…

このように東京方言では、形容詞の平板型と起伏型の2種類の区別がある。

動詞と同じく形容詞も、語形変化をすると、平板型と起伏型という2種のアクセント型の区別が出てくる。たとえば、平板型の形容詞「甘い」と起伏型の形容詞「辛い」を例にとって、これを見てみよう。

第3章　アクセントの規則

(8) 形容詞の語形変化とアクセント

	連体形	過去形	否定形	連用形	仮定形
平板型	アマイモノ	アマカッタ	アマクナイ	アマクナル	アマケレバ
起伏型	カラ̄イモノ	カラ̄カッタ	カラ̄クナイ	カラ̄クナル	カラ̄ケレバ

そして、各語形の下がり目は、その長さには関係なく、接尾辞によってつねに決まった位置にくる。

> **形容詞の1型化傾向（1）**
>
> 最近の東京方言では、形容詞の2種類の型が合流して、その区別がだんだんと消滅しつつある。たとえば、最近、平板型の形容詞を終止形で発音する際、カタイ（固い）、マルイ（丸い）ではなく、カタ̄イ、マル̄イのように、起伏型（ヨワ̄イ、コワ̄イなど）と同じアクセントで発音する人が増えつつある。
>
> しかし、そのような人でも「固い物」、「丸い物」のように後ろに名詞を持ってきて連体形にすると、カタイモノ、マルイモノのように平板型が出現し、起伏型（例：ヨワ̄イモノ、コワ̄イモノ）との違いがわかることがある。
>
> また、連用形（ク形）でも、2つの区別が保たれていることがある。平板型の形容詞は、カタク（ナル）、マルク（ナル）のようになり、ヨワ̄ク（ナル）、コワ̄ク（ナル）のような型で出現する起伏型との違いが出てくる。

たとえば、過去形の接尾辞－カッタを付けると、形容詞のアクセントは次のようになる。

(9) 形容詞の過去形のアクセント

平板型	甘い	アマ̄カッタ	赤い	アカ̄カッタ
	丸い	マル̄カッタ	固い	カタ̄カッタ
起伏型	辛い	カラ̄カッタ	怖い	コワ̄カッタ
	弱い	ヨワ̄カッタ	強い	ツヨ̄カッタ

平板型の形容詞（「甘い、丸い」など）の場合、アマ̄カッタのように、その下降はつねに接尾辞－カッタの<u>直前</u>に出現している。これに対して起伏型の形容詞（「辛い、弱い」など）の場合は、カラ̄カッタのように、

接尾辞−カッタの2つ前の拍に下降が出現している。

仮定形のアクセントも同じである。

(10) 形容詞の仮定形のアクセント

平板型	甘い	アマケレバ	赤い	アカケレバ
	丸い	マルケレバ	固い	カタケレバ
起伏型	辛い	カラケレバ	怖い	コワケレバ
	弱い	ヨワケレバ	強い	ツヨケレバ

　平板型の仮定形は、アマケレバのように接尾辞−ケレバの直前の拍に下降が出現するのに対して、起伏型の形容詞は、カラケレバのように、接尾辞−ケレバの2つ前の拍に、その下降が出現する。

　次に、接尾辞−ナイを付けて、否定形のアクセントを見てみよう。

(11) 形容詞の否定形のアクセント

平板型	甘い	アマクナイ	赤い	アカクナイ
	丸い	マルクナイ	固い	カタクナイ
起伏型	辛い	カラクナイ	怖い	コワクナイ
	弱い	ヨワクナイ	強い	ツヨクナイ

　平板型の形容詞（「甘い、赤い」など）は、否定形になると、その下降が語幹の中ではなく、−ナイという接尾辞の第1拍目に出現する（アマク−ナイ）。これに対して起伏型の形容詞（「辛い、近い」など）の場合は、その否定形の下降は接尾辞−ナイの3つ前の拍に出現している（カラク−ナイ）。

　このように、動詞と同じく形容詞についても、それが「平板型（無核）か、起伏型（有核）か」という情報さえわかれば、その情報をもとにして、各語形のアクセント型は自動的に導き出すことができる。

発展編

3.4 派生語のアクセント

・形容詞から派生した名詞

次に、「固い」と「固さ」、「弱い」と「弱さ」のように、互いに関連のある形容詞と名詞のアクセント型がどうなっているか見てみよう。

(12) 形容詞から派生した名詞のアクセント

平板型	固い(カタイ)〜固さ(カタサ)　丸い(マルイ)〜丸さ(マルサ)
	甘い(アマイ)〜甘さ(アマサ)　厚い(アツイ)〜厚さ(アツサ)
起伏型	弱い(ヨワイ)〜弱さ(ヨワサ)　深い(フカイ)〜深さ(フカサ)
	辛い(カライ)〜辛さ(カラサ)　暑い(アツイ)〜暑さ(アツサ)

ここから、形容詞が平板型なら、それに対応する名詞のほうも上がって終わる平板型になっている（カタイ→カタサ）ことがわかる。そして、形容詞が下がって終わる起伏型なら、それと関連した名詞も起伏型になっている（ヨワイ→ヨワサ）。

「固さ、弱さ」のような名詞は、形容詞の語幹（カタ、ヨワ）に－サという接尾辞が付いてできたものである。このように、ある語をもとに、それに接頭辞や接尾辞を前後に付け加えるなどして別の語をつくっていくことを、「派生（はせい）」と呼ぶ。

つまり－サという接尾辞は、形容詞の語幹に付いて名詞を「派生させる」機能を持ち、カタ－サという名詞は、カタ－イという形容詞から「派生した」名詞である。

さて、(12)からわかるのは、カタ－イという平板型アクセントを持つ形容詞から派生した名詞カタ－サは、同じように平板型アクセントを持つことだ（これは、この名詞に助詞のガやカラなどを付けてカタサガ、カタサカラのようにしてみても、下がり目が生じないことからわかる）。これに対し、ヨワ－イのような起伏型の形容詞から派生した名詞ヨワ－サは、同じように起伏型になる。

つまり、カターサやヨワーサのような派生名詞のアクセントが、平板型（無核型）になるか起伏型（有核型）になるかは、いちいち覚えておく必要がない、ということになる。それは、それに関連した形容詞（カタイ、ヨワイ）がどちらなのかによって、自動的に決まるからだ。

> **Column 4　形容詞の1型化傾向(2)**
>
> 　コラム3ですでに見たように、現代東京方言では、形容詞の平板型・起伏型の区別がなくなって、1型化していく傾向が見られる。そのため、たとえば平板型の「甘い　アマイ」と「辛い　カライ」を、両方ともアマイ、カライのように、同じアクセントで発音する人もいる。それだけでなく、その過去形「甘かった」「辛かった」も、両方ともアマカッタ、カラカッタのように、同じ位置に下がり目を置いて発音する人も出てきている（本来、「甘かった」はアマカッタだが、「辛かった」のほうはカラカッタと発音することになっている）。
>
> 　さらに、その形容詞の他の語形「甘くて」対「辛くて」、「甘くない」対「辛くない」のアクセントの区別の違いも、最近の東京方言ではだんだんとあいまいになりつつあり、アマクテ、カラクテ、アマクナイ、カラクナイのように、平板型と起伏型が同じアクセントで発音されることもある（本来は、アマクテ対カラクテ、アマクナイ対カラクナイのように、両者は異なるアクセント型を持っているはずなのだが）。
>
> 　実は、このように形容詞が1つの型にまとまっていこうとする一般傾向は、東京方言だけでなく全国各地で進行中である。自分の方言、知人の方言でも、形容詞の語形のアクセントについて、調べてみよう。

・形容詞から派生した動詞

　次に、形容詞から派生した動詞のアクセントを見ていくことにしよう。

　形容詞カタイ、ヨワイなどの語末の－イを取って、代わりに－メルや－マルを付けると、カタメル、ヨワマルのように動詞ができあがる（つまり－メル、－マルは、形容詞の語幹に付いて動詞を「派生」させる働きを持つ接尾辞である）。

　この接尾辞が付いて派生した動詞のアクセントも、もとの形容詞のアクセントが平板型か、起伏型かによって自動的に決まる。次の例を見てみよう。

(13) 派生動詞のアクセント
　a. 固い（カ<u>タイ</u>）　～　固める（カ<u>タメル</u>）、固まる（カ<u>タマル</u>）
　　 丸い（マ<u>ルイ</u>）　～　丸める（マ<u>ルメル</u>）、丸まる（マ<u>ルマル</u>）
　b. 弱い（ヨ<u>ワ</u>イ）　～　弱める（ヨ<u>ワ</u>メル）、弱まる（ヨ<u>ワ</u>マル）
　　 深い（フ<u>カ</u>イ）　～　深める（フ<u>カ</u>メル）、深まる（フ<u>カ</u>マル）

　(13)からわかることは、もし形容詞が平板型（カタ−イ）だったら、それから派生した動詞も平板型（カタ−メル、カタ−マル）になるし、もしそれが起伏型（ヨワ−イ）だったら、それから派生した動詞も起伏型（ヨワ−メル、ヨワ−マル）になる、ということだ。つまり、カタ−メル、カタ−マルという動詞は平板型で、ヨワ−メル、ヨワ−マルは起伏型、という情報は、いちいち覚えておかなくても、もとの形容詞のアクセント型がどちらなのかを知っていれば、自動的に導くことができる。

　これまで見てきたように、「固い」は平板型（無核型）、「弱い」は起伏型（有核型）である、というような基本的な情報さえあれば、その形容詞から派生した名詞（「固さ、弱さ」など）や動詞（「固める、弱める」など）がどのような型を持つかは、自動的に決まる。

　このように、動詞や形容詞の語形や、それからつくられた派生語のアクセント型は、規則によって導き出すことができる。アクセントには、このような「規則性」がある。

3.5　動詞句のアクセント

　このようなアクセントの持つ規則性は、動詞に「させる」や「られる」などを付けてみても、同じように見られる。

　たとえば平板型の動詞「開け−る」に、使役の「させ−る」を付けて「開け−させ−る」とすると、その動詞句全体も平板型となる。また、起伏型の動詞「閉め'−る」に同じように「させ」を付けると、「閉め−させ'−る」のように、全体が起伏型になる。

　さらに、使役受身の「させ−られ−る」を付けても、もとの動詞の平

板型と起伏型の違いが、動詞句全体のアクセント型の違いとなって現れる。平板型の動詞「開けｰ」で始まる場合は、動詞句全体が平板型となり（「開けｰさせｰられｰる」）、それが起伏型の動詞「閉め'ｰ」の場合は、動詞句全体も起伏型となる（「閉めｰさせｰられｰる」）。

（14）は、それを示す例である。

（14）動詞の使役形、使役受身形のアクセント

| 平板型 | 開けｰる | 開けｰさせｰる | 開けｰさせｰられｰる |
| 起伏型 | 閉めｰる | 閉めｰさせｰる | 閉めｰさせｰられｰる |

このように、その動詞が平板型か、起伏型か（つまり、無核か、有核か）の区別が、動詞句全体のアクセント型を決定していると言える。

> **Column 5　派生語からつくられた動詞句のアクセント**
>
> この章の3.4節で述べた、形容詞から派生した動詞（カタメル、ヨワメ'ルなど）に、さらに使役の接尾辞ｰサセや使役受身の接尾辞ｰサセｰラレなどを付けても、そのアクセント型は、次のように、規則的に決まってくる。
>
> 平板型（固める）　カタｰメル　　カタｰメｰサセール　　カタｰメｰサセｰラレール
> 起伏型（弱める）　ヨワｰメル　　ヨワｰメｰサセール　　ヨワｰメｰサセｰラレール
>
> 　もとの形容詞が平板型の場合（カタｰイ）は、動詞句全体も平板型になり（カタｰメｰサセール）、それが起伏型の場合（ヨワ'ｰイ）は、句全体も起伏型になる（ヨワｰメｰサセール）。このように、動詞句全体が平板型になるか、それとも起伏型になるかは、完全に予測することができる。

したがって、東京方言の話し手は、「開けｰさせｰる」や「閉めｰさせｰられｰる」といった、動詞句全体のアクセントの型を、一つひとつ記憶しておかなくてもよい、ということだ。

「開けｰさせｰられｰる」と「閉めｰさせｰられ'ｰる」という動詞句全体のアクセント型が、平板型になるか、起伏型になるかは、最初にくる動詞部分（「開け」「閉め」など）の型によって、規則的に決まるからだ。

初頭にくる要素が平板型（核を持たない）か、起伏型（核を持つ）か、という情報だけが与えられれば、動詞句全体のアクセント型は自動的に

第3章　アクセントの規則

導くことができる。アクセントにはこのような規則性があるために、私たちが語ごとに記憶しておかなければならないアクセントについての情報は非常に少なくて済む、というわけである。

アクセントを通して見てみると、私たちの頭の中のしくみには、実に無駄がないことがわかってくる。私たちは、最小限の情報を頭に蓄えておき、その情報を最大限に活用しながら、言語生活を営んでいる。

読書案内●（さらに知りたい人のために）
窪薗晴夫（2006）『アクセントの法則』 岩波書店
　（アクセントの規則性について、わかりやすい解説がある。特に、鹿児島方言の規則性に関する部分が面白い。）

第3章／練習問題

1. 他動詞と自動詞のアクセントの関係
　　次の他動詞と自動詞のペアについて、それぞれのアクセントが平板型か、起伏型かを調べてみよう。他動詞と、それに関連した自動詞のアクセントとの間には、何らかの関係があるだろうか。
　ヒント☞ NHK編『日本語発音アクセント辞典』を参照すると便利。

　（1）開ける〜開く　　（2）上げる〜上がる　　（3）止める〜止まる
　（4）立てる〜立つ　　（5）下げる〜下がる　　（6）起こす〜起きる

2. 動詞とその名詞形のアクセントの関係
　ア．次の（1）〜（15）までの名詞は、平板型、起伏型のどちらだろうか。
　　　例に従って、助詞のガを付けて分類してみよう。
　ヒント☞ NHK編『日本語発音アクセント辞典』を参照しよう。

　　例：遊び　アソビが　　→　平板型　（アソビ）
　　　　残り　ノコリが　　→　起伏型　（ノコリ'）

(1) 終わり　(2) 休み　(3) 踊り　(4) 飾り　(5) 頼み
(6) 教え　(7) 違い　(8) 包み　(9) 話　(10) 行い
(11) 儲け　(12) 恐れ　(13) いじめ　(14) 余り　(15) 祈り

イ．次に、ア．(1)～(15)の名詞と関連した動詞を、それぞれ平板型か、起伏型か、どちらかに分類してみよう。

　　例：遊ぶ　アソ̄ブ　　→　平板型（アソブ）
　　　　残る　ノコ̄ル　　→　起伏型（ノコ゛ル）

(1) 終わる　(2) 休む　(3) 踊る　(4) 飾る　(5) 頼む
(6) 教える　(7) 違う　(8) 包む　(9) 話す　(10) 行う
(11) 儲ける　(12) 恐れる　(13) いじめる　(14) 余る　(15) 祈る

　ア．の名詞と、それに関連したイ．の動詞のアクセントの間には、どんな関係があるか考えてみよう。

| 調べてみよう | 形容詞「厚い」と「暑い」のアクセント型の違いは、自分の方言（知人の方言）には残されているだろうか。アツイの形だけでなく、その語形変化（過去形　アツカッタ、否定形　アツクナイ、仮定形　アツケレバ、など）によって、確かめてみよう。

| 調べてみよう | 自分の方言（知人の方言）でも、東京方言と同じような派生語の規則があるだろうか。調べてみよう。

第3章　アクセントの規則

第4章 助詞のアクセントと句音調

ポイント解説 1つ、あるいはいくつかの文節がまとまって「句」を形成すると、その句の開始部分や終末部分には「句音調」が生じることがある。句音調の出現する箇所とその音調は、方言によって異なることがある。

東京方言では、名詞と同じく助詞にも無核・有核の区別がある。また助詞が連結した場合にも、その連結部分にあらたな下降が生じる。

Keyword ▶句音調、助詞のアクセント、連結音調

基本編

4.1 句の境界を示すピッチ—句音調

さて、前章までに見てきたように、東京方言では、n拍の名詞にはn＋1個のアクセント型があった。たとえば、東京方言の4拍語には、次のような5種類の型がある。

(1) 東京方言の4拍語の5つの型

○̄○○○○（コスモスが）	コ’スモス	（有核型）
○○̄○○○（ウグイスが）	ウグ’イス	（〃）
○○○̄○○（アオゾラが）	アオゾ’ラ	（〃）
○○○○̄○（イモートが）	イモート’	（〃）
○○○○○̄（アメダマが）	アメダマ	（無核型）

このうち、一番下の「アメダマ（飴玉）」は無核の名詞で、「コ’スモス、ウグ’イス（鶯）、アオゾ’ラ（青空）、イモート’（妹）」はそれぞれ第1拍目、第2拍目、第3拍目、第4拍目に核のある（有核の）名詞である。その核の位置は、東京方言について言えば、ピッチの「下がり目」がどこにあるかによって決まる、ということはすでに見てきた。

さて今度は、ピッチがどこで「上がるか」に注目しながら、もう一度(1)を見てみよう。語頭の拍にアクセントがある「コ’スモス」以外の語は、

ウグイス、アオゾラ、イモート、アメダマのように、すべて第1拍目が低いピッチで始まっている。そしてそれは、すべての場合に第2拍目で上昇している。このように多くの語で「低く始まって2拍目で上昇する」という性質が見られるということは、この特徴は、それぞれの名詞が固有に持っている性質なのではなく、東京方言の「一般的特徴」の1つだということを示唆している。

このような特徴をとらえるために、出だし部分の低いピッチと、それに続く2拍目の上昇を導くための、(2)のような規則を考えることにしよう。

(2) 出だしの低いピッチを導く規則（東京方言）
　（最初の拍に核がない場合は）語の出だしの拍を低いピッチで始め、
　2拍目から上昇させる。

それぞれの語の表面のアクセント型がどのような形になるかは、この規則によって導くことができる（ただし、語頭の拍に核があるコ'スモスのような場合については後述）。

さて、ウグイス、アオゾラ、イモート、アメダマなどの語頭に現れる低いピッチは、どのような場合でもその名詞の第1拍目に出現するとは限らない。たとえば次の(3)の例のように、それぞれの名詞の前に「あの、その、私の、赤い」などを持ってくると、これらの名詞の語頭の低い音調は消失してしまい、「…ウグイス、…アオゾラ、…イモート、…アメダマ」のようになる。

(3) 東京方言の句のアクセント型

ソノ	ウグイスが	○○○○○○○○	（その鶯が）
アノ	アオゾラが	○○○○○○○○	（あの青空が）
ワタシノ	イモートが	○○○○○○○○○	（私の妹が）
アカイ	アメダマが	○○○○○○○○	（赤い飴玉が）

このことから、出だしの低い音調とそれに続く第2拍目からのピッチの

上昇は、それぞれの「名詞」の本来持っている特徴ではない、ということがはっきりわかる。

ところが (3) を見ると、それに代わって、それぞれの「句」の最初にきた語「ソノ、アノ、ワタシノ、アカイ」が低く始まって、2拍目で上昇している。このことは、(2) の規則で導いた東京方言の特徴は、「語」より大きい単位、──つまり語がいくつかまとまってできた「句」──の持っている特徴とみなすべきことを示している。

具体的に言えば、アオゾラという語を単独で発音したときに、その語頭の「ア」の部分に出現する低い音調（そして、それに続く第2拍目からのピッチの上昇）は、「青空」という語そのものが固有に持っている特徴ではなく、「句の出だしを低いピッチで始める」という東京方言の一般特徴が、たまたまその部分に出現したものだ、ということである。

このようなことを考慮すると、(2) の規則は次のように書きかえなければならないことになる。

(4) 句の出だしの低いピッチを導く規則（東京方言の句音調）
 （最初の拍に核がない場合は）句の出だしの拍を低いピッチで始め、
 2拍目から上昇させる。

実は、このように句の出だしや終わりの部分に特定のピッチが出現するという性質は、東京方言だけでなく、他の諸方言においても起こる。このような句の出だしや終わりに出現する音調のことを、「句音調」と呼んでいる。

句音調はあくまでも「句」のレベルに出現する特徴であり、それぞれの「語」が本来持っている特徴ではない。つまり、これは語ごとに記憶しておかなければならない情報ではない。そのために、(4) のような規則によって導くのである。

次に、名詞の前にいくつかの語が連なって「句」を形成している場合には、いったいどうなるか、検討してみよう。たとえば、次のいろいろな句を、間に切れ目を入れずに一息で読んでみよう。そうすると、出だしの低い音調は、それぞれの句の開始部分のところにのみ、現れることがわかる。

(5) 句音調の実現（東京方言）
　a. プ‾リンターが‾　　　　（プリンターが）
　b. ア‾ノ　プ‾リンターが‾　（あのプリンターが）
　c. ト‾モダチから‾　カ‾リタ　ア‾ノ　プ‾リンターが‾
　　　　　（友達から借りたあのプリンターが）
　d. キ‾ノー　ト‾モダチから‾　カ‾リタ　ア‾ノ　プ‾リンターが‾
　　　　　（昨日友達からから借りたあのプリンターが）

　（5a）の「プ」の部分に出現する低い音調と、「リ」の部分からのピッチの上昇は、「プリンター」という名詞が本来持っている特徴ではなく、東京方言の句音調である。
　このような句音調によって区切られた音調のひとまとまりを、文法で言う「句」とは区別するために、「音調句」と呼ぶことがある。(5)の「あのプリンターが」「友達から借りたあのプリンターが」「昨日友達から借りたあのプリンターが」は、それぞれ1つの音調句を形成する。
　東京方言の音調句は、基本的にはその出だしを<u>低く始め</u>、第2拍目からピッチを急上昇させることによって示されるが、句が語頭アクセントの語（コ'スモス）で始まる次のような場合に限って、そこには（4）の規則によって生じた句の出だしの低い音調は生じない。

(6) 語頭の拍にアクセントのある語から音調句が始まる場合
　　コ‾スモスが咲いた。

　その代わり、その場合は、［コ］スモスが… のように、句の第1拍目の「コ」の部分からいきなりピッチを急上昇させる。このことが、音調句開始の目じるしとなっているのだ。
　音調句の切れ目をどこに実現させるかは、話し手が、伝えたい意味に応じて変えている。例として、次の（7）の2つの文を見てみよう。「プリンター」の前でいったん音調句を切ってそこに句音調を入れると、意味が変わってくることがわかる（以下、「｜」は、音調句の切れ目を表す）。

(7) 音調句のつくり方の違い（東京方言）
　　a. キノー　プリンターが　コワレタ　　（1つの音調句）
　　b. キノー　｜　プリンターが　コワレタ　（2つの音調句）

(7b) のほうは、「（昨日何が起こったかと言うと）プリンターが壊れてしまったのだ」というような意味合いを伝えている。プリンターが故障したことでせっかく書いたレポートが提出できなくて困った、といったときなどには、(7b) のような音調句の区切り方が現れる。一方、(7a) ではそのようなニュアンスは伝わらない。

> ### 句の切り方と文の焦点
>
> 音調句の区切り方は、話し手が何に「焦点」を置いて話すかによって変わってくる。たとえば「うまいそば屋がある」という文を、異なる場所で2つの音調句に分割した次の2つの例を見てみよう。
> 　（a）ウ［マ］イ　｜　ソ［バ］ヤガア］ル
> 　（b）ウ［マ］イソバ］ヤガ　｜　［ア］ル
> 　（a）のように、ウマイの後でいったん区切って、ソバヤの出だし部分からあらたに音調句を開始すると、たとえばうまい「カレー屋」ではなくうまい「そば屋」がある、ということを伝える表現になる。ウマイの直後で句を切ることにより、その次の句頭に上昇が与えられ、それによってその部分に焦点があてられるからである。
> 　これに対して（b）のように、アルの直前に音調句の切れ目を置くと、そのようなそば屋が「確かにあるのだ」という主張のような表現になる。この場合は、［ア］ルの出だし部分の急激な上昇によって、その述語「ある」に焦点が置かれていることが示される。

　また、句音調の入れ方は、次の例が示すように、文構造の違いにも関係している。

(8) 音調句のつくり方の違い（東京方言）
　　a. オトトイ　カリタ　プリンターが　｜　コワレタ。
　　　（一昨日借りたプリンターが壊れた。）

b. オトトイ |　カリタ　プリンターが　コワレタ。
（一昨日、借りたプリンターが壊れた。）

(8a) のほうでは、<u>一昨日借りた</u>プリンターが壊れてしまったと言っている。つまりプリンターを借りたのは一昨日である。一方、(8b) のほうは、「（人から）借りていたプリンター」が<u>一昨日壊れた</u>、と言っている。

このように、音調句の区切り方と、それに伴って生じる句音調の出現は、話者が伝えようとしている意図が何かに応じて異なってくる。つまり句音調は、アクセントではなく、イントネーションの表現手段の一部なのである（イントネーションについては、第1章の発展編も参照）。

4.2　助詞のアクセント

さて、前の章で見てきた東京方言の具体例は、すべて名詞に主格の助詞「が」を付けた場合のアクセント型に限られていた。この助詞「が」は、それ自体が核を持たない（つまり「無核の」）助詞である。

たとえば、この助詞が無核の名詞（クルマ（車）など）に付くと、そのまま高く続いて、そこに急激な下降は生じない（クルマが）。また、有核の名詞（オ'ヤコ（親子）、イト'コ（従兄弟）、オトコ'（男）など）に続いても、それぞれの名詞から始まる文節全体の下がり目の位置には変化はない（オヤコが、イトコが、オトコが）。

この「が」以外にも、東京方言には無核の助詞が数多くある。たとえば、次の「は、を、も、に、で、から、だけ」などがそれにあたる。今、無核（平板型へいばんがた）の名詞「クルマ（車）」に、これら無核の助詞を付けてみると、(9) のような型が出現する。

(9) 東京方言のアクセント（無核名詞＋助詞）
　　クルマは　　　クルマを　　　クルマも　　　クルマに
　　クルマで　　　クルマから　　クルマだけ

(9) では、どのアクセント単位にも急な下降が生じていないことがわ

かる。つまりこれらの助詞は、すべて「が」と同じように無核の助詞である。

有核の名詞「オ'ヤコ、イト'コ、オトコ'」にこれらの無核の助詞が付いた場合も、「が」の場合と同様、これらの助詞はすべて低いピッチで現れる。(10) の例を見てみよう。

(10) 東京方言の3拍名詞（有核）＋助詞（無核）

オ̅ヤコは　オ̅ヤコを　オ̅ヤコも　オ̅ヤコに　オ̅ヤコから　オ̅ヤコだけ
イト̅コは　イト̅コを　イト̅コも　イト̅コに　イト̅コから　イト̅コだけ
オト̅コは　オト̅コを　オト̅コも　オト̅コに　オト̅コから　オト̅コだけ

さて東京方言では、助詞の中にも核を持つものがある。たとえば無核の名詞「クルマ」に、「まで、さえ、より、ばかり、ぐらい」などの助詞を付けてみよう。そうすると、「ま̅で、さ̅え、ば̅かり」のように、その助詞の内部に下降が出現することが、(11) の例からわかる。

(11) 東京方言のアクセント（無核名詞＋助詞）

クル̅マまで　　　　クル̅マさえ　　　　　クル̅マより
クル̅マばかり　　　クル̅マぐらい

「クルマ」は無核の名詞なので、これらの助詞部分に現れるピッチの下降は、その名詞（クルマ）が本来持っている特徴が出現したものではない。これは、これらの助詞が本来「核を持っている」ことを示唆している。つまりこれらの助詞は「有核」の助詞なのである。

このように東京方言には、「無核」の助詞と、「有核」の助詞とがある。そのため東京方言の話者は、それぞれの助詞について、それが無核なのか、有核なのかを、覚えておかなければならない。以上をまとめると、次のようになる。

(12) 東京方言の助詞のアクセント
　　無核の助詞＝　が、に、で、は、へ、も、を、から、だけ

有核の助詞＝　ま'で、さ'え、よ'り、ば'かり、ぐ'らい

　つまり東京方言の話し手は、(a) 核を持つか、持たないか、そして (b) その核がどこにあるか、という2種類の情報を、名詞についてだけでなく、助詞についても記憶しているということになる。
　それでは、もしも有核の名詞に、有核の助詞が続いたら、いったいどのような型になって出現するのだろうか。次の例を見てみよう（次の助詞「ま'で、さ'え、よ'り、ば'かり、ぐ'らい」の最初の拍に出現する「◯̈」は、中くらいの高さの音調を示す）。

(13)　東京方言の3拍語（有核）＋助詞（有核）
　オ‾ヤコま̈で　　オ‾ヤコさ̈え　　オ‾ヤコば̈かり　　オ‾ヤコぐ̈らい
　イト‾コま̈で　　イト‾コさ̈え　　イト‾コば̈かり　　イト‾コぐ̈らい
　オト‾コまで　　オト‾コさえ　　オト‾コばかり　　オト‾コぐらい

Column.2　1つの文節内部の2つ目の下降

　この (13) を見ると、「オ‾ヤコま̈で」のように、各文節の内部に2つの音調の山が出現しているように見える。
　しかし、ここでは便宜的に「オ‾ヤコま̈で」の点線で示してある部分は、実際には、助詞の「ま」の直前ではっきりとしたピッチの上昇をするわけではない。これは、むしろ、各アクセント単位の2つ目の「下降」の位置—つまり「ま」の直後—で、その前の拍よりさらに下がって付くようなピッチパターンとなって実現する。
　今、上昇を [という記号で、下降を] という記号でそれぞれ示すとすると、これらは [オ]ヤコマ]デのような型で現れる（第3章のコラム2の [ヨ]ワクナ]ルの場合も併せて参照）。つまり、(13) は、1つの文節内部に、2つの下降が出現するようなピッチパターンとなる。
　一方、オトコ'のように語末に核がある名詞に、「ま'で、さ'え、ば'かり」のような語頭に核が置かれる有核の助詞が続くと、「オト‾コまで」のようなピッチパターンとなり、有核の助詞「ま'で」の核によってもたらされた下降は強く抑えられて、ほとんど聞こえないほどに弱まってしまう。

さて、アクセントが実現する最小のまとまりのことを、この本では「アクセント単位」と呼ぶことにしよう。(13)の例の場合は、「オ̄ヤコま̈で、オ̄ヤコば̈かり」のように、1文節の内部に2つの高い音調の山が生じているので、この場合、「オヤコ」にも、「まで」にも、高い音調を中心としたアクセント単位が実現している。つまり、「オヤコ」も、「まで」も、別々のアクセント単位からなっていることになる。

　このようなことは、次の章から述べるN型アクセントには起こらない。たとえば次の章で扱う2型アクセントの鹿児島方言では、どのような助詞もその前にくる名詞とセットになって、1つのアクセント単位を形成する。鹿児島の「まで」という助詞は、A型の名詞に付くとアメマ̄デ（飴まで）のようになり、B型の名詞に付くとアメマデ（雨まで）のようになる（ただし鹿児島方言には、「チョッ（ている）」や「ジャ（だ）」のような例外もあるので、詳しくは第5章を参照しよう）。

　これに対して東京方言では、(13)の「オ̄ヤコま̈で」のように、助詞が、名詞とは独立したアクセント単位を形成する場合がある。

発展編

4.3　連結音調

　東京方言では、もう1つ、助詞に関わる規則があり、それは助詞が2つ以上連続した場合に現れる。

　たとえば「コドモ」という無核（平板型）の名詞の後ろに、助詞の「に」と「も」を2つ続けて、「コドモ＋に＋も」のようになった場合を考えてみよう。そうすると、助詞「に」と「も」の境目に、あらたにピッチの下降が生じる。次の例を見てみよう。

(14) 無核の助詞が2つ連結する場合（東京方言）
　　　　コド̄モにも

(12)ですでに見たが、「に」と「も」は両方とも無核の助詞である。

それにもかかわらず、その助詞が連結すると、両者の境界部分にあらたに下降が生じる。
　同じことが、他の無核の助詞どうしの連結についても言える。

(15) 東京方言の3拍語＋助詞（無核）＋助詞（無核）
　コ￣ドモでは　　コ￣ドモからも　　コ￣ドモだけに　　コ￣ドモだけから

　このように東京方言では、助詞が連結するとその連結部分―具体的には、前のほうの助詞の最後の拍の後ろ―に、下降が現れる。
　この助詞連結によってあらたに生じる下降は、どのような無核の助詞が連結しようとも同じように現れるので、このことを説明するために、東京方言の話者の頭の中には、次のような助詞連結の際のアクセント規則があると考えておこう。

(16) 助詞が連続した場合のアクセント規則（連結音調の規則）
　助詞が2つ結合した場合、前の助詞の最後の拍に下降を実現させる。

　「コ￣ドモにも、コ￣ドモでは、コ￣ドモからも」などに見られる下降は、このようにして生じる。
　それでは次に、有核の名詞「オ'ヤコ、イト'コ、オトコ'」などの後ろに、無核の助詞が連結したものが続くと、いったいどのような型となって現れるのだろうか。(17) の例を見てみよう。

(17) 東京方言の3拍語（有核）＋助詞（無核）＋助詞（無核）
　オ￣ヤコにも　　オ￣ヤコからも　　オ￣ヤコだけに　　オ￣ヤコだけから
　イ￣トコにも　　イ￣トコからも　　イ￣トコだけに　　イ￣トコだけから
　オ￣トコにも　　オ￣トコからも　　オ￣トコだけに　　オ￣トコだけから

　この (17) の例は、実際には1つの文節内に2つの「下降」が出現するようなピッチパターンで実現する。たとえば、「オヤコにも」「オヤコからも」は、[オ] ヤコニ] モ、[オ] ヤコカラ] モのようになる（コラ

ム2を参照)。

　この(17)の場合にも、「オヤコ￣にも、オヤコ￣からも」のように、1文節の内部に2つの音調の山が生じていることから、「オヤコ」と「にも」は、別々のアクセント単位から成り立っていることになる。

　一方、このようなことは、次の章から述べるN型アクセントには起こらない。たとえば第6章で扱う隠岐島五箇(ごか)方言では、B型の名詞には「モ￣ミジ」のように第2拍目に高いピッチが実現するが、それに「に＋も」や「から＋も」などの助詞連結が続いても、「モ￣ミジにも、モ￣ミジからも」のようになり、文節全体もB型となる。助詞の接続部分にあらたな核が生じて、独立したアクセント単位を形成することはない。

4.4　句音調いろいろ

　東京方言では、句の「出だし」部分が「低く」始まって、第2拍目で上昇する、という句音調が出現することは、すでに見てきた。

　このような句音調は、東京方言以外の日本語の諸方言でも生じる。ただし、どの方言においても東京と同じような場所に、同じような句音調が生じるとは限らない。

　たとえば、東京方言では、句の「出だし」部分に句音調が出現するが、日本語の諸方言の中には句の「終わり」部分にそれが出現するものもある。次の弘前方言はその代表である。

　(18)は、弘前方言のいろいろな名詞に無核の助詞「も」を付けて、「ヤナギも。」「ニワトリも。」のように、その助詞部分で言い切った場合に出てくるアクセント型を示している(以下、これを「言い切り形」と呼ぶ)。

(18) **青森県弘前方言のアクセント（言い切り形）**

	[1拍語]	[2拍語]	[3拍語]	[4拍語]
0.	エも(柄)	カゼも￣(風)	ヤナギも￣(柳)	ニワトリも￣(鶏)
1.	エ￣も(絵)	サ￣ルも(猿)	イ￣チゴも(苺)	ミ￣ツバチも(蜜蜂)
2.		ヤマ￣も(山)	オト￣ナも(大人)	ムラサ￣キも(紫)
3.			ナミダ￣も(涙)	キリモ￣チも(切餅)

4.　　　　　　　　　　　　　　　　　　　　　コトワザも（諺）

　たとえば3拍語を例にとると、弘前方言の「イ*チゴ、オト*ナ、ナミダ*」は、それぞれ第1拍目、第2拍目、第3拍目に核を持つ名詞である。ただ東京方言と違って弘前方言では、核の置かれた拍の位置を起点にして、そこからピッチが急上昇している。つまり、これは「昇り核」の方言である（昇り核については、第2章の発展編を参照）。

　一方、弘前方言では、これらの文節の後ろに「見えた」「ある」など、別の語句を接続させて、「ヤナギも見えた」「イチゴもある」のような文をつくって発音してみると、助詞「も」の部分までのピッチパターンが(19)のようになり、(18)の場合とは異なってくる（以下、この形を「接続形」と呼ぶ）。

(19) 青森県弘前方言のアクセント（接続形）

	[1拍語]	[2拍語]	[3拍語]	[4拍語]
0.	エも…(柄)	カゼも…	ヤナギも…	ニワトリも…
1.	エも…(絵)	サルも…	イチゴも…	ミツバチも…
2.		ヤマも…	オトナも…	ムラサキも…
3.			ナミダも…	キリモチも…
4.				コトワザも…

　(18)の「言い切り形」では、有核の語から始まる「イチゴも。」「オトナも。」などの文節が、それぞれ低い音調で終わっている。これに対して(19)の「接続形」では、「イチゴも…」、「オトナも…」のように、この最後の低い音調は消失している。

　弘前方言のアクセント単位の<u>最後の部分</u>に出現するこの低い音調も、実は一種の句音調である。この方言では、句末のピッチを急激に下降させることが、「ここで句が<u>終了</u>する」ということの合図となっている。

　このように、句音調が、句の出だし部分だけでなく、句の終わり部分に出現する方言もある。

さて、東京方言では、句の出だしを「低く」始めることによって句の境界を明示するようなしくみを持っていた。しかし諸方言の中には、句の出だしを「高く」始めることによって音調句の開始を示すようなものもある。

　たとえば、鳥取県湯梨浜町別所(ゆりはま べっしょ)方言の4拍語の例を見てみよう。この方言では、語を単独で発音したり、後ろに助詞を付けて発音したりする場合は、ほとんどの語が高く始まる。そして第2拍目で急激に下降する((20a)(20b)参照)。ところが、この語頭に生じている高い音調の多くは、その前に「この」を付けると「このニワトリ」「このトリカゴ」のように消失してしまい、それに代わって「この」の語頭部分が高くなる((20c)参照)。

(20) 鳥取県湯梨浜町別所方言のアクセント（4拍語）

a.	b.	c.
ニ̄ワトリ	ニ̄ワトリが	このニ̄ワトリ
コ̄スモス	コ̄スモスが	こ̄のコ̄スモス
ク̄ダモノ	ク̄ダモノが	こ̄のク̄ダモノ
ト̄リカゴ	ト̄リカゴが	こ̄のトリカ̄ゴ
オ̄トート	オ̄トートが	こ̄のオトー̄ト

　つまりこの方言では、「高く始め、第2拍目でピッチを急下降させる」ことが、句の境界を明示している。

　ところが、この方言では「コスモス」の語頭の高い音調は、「この」が前に付いても消えることがない((20c)の「このコ̄スモス」参照)。このことは、この「コスモス」の語頭の高い音調は、核がそこにあるために出現したものであることを示す。

　これに対して、「ニ̄ワトリ」「ト̄リカゴ」「オ̄トート」の語頭の高い音調は、核によるものではなく、句音調が出現したものである。つまり別所方言の4拍名詞は、次のようなアクセントを持っている。

(21) 鳥取県湯梨浜町別所方言のアクセント（4拍語）

　　ニワトリ(鶏)　　　　（無核）

```
コ*スモス（コスモス）    （有核）
ク*ダモノ（果物）      （〃）
ト*リカゴ（鳥籠）      （〃）
オトー*ト（弟）       （〃）
```

そして別所方言の語頭に出てくる<u>高い</u>音調は一種の句音調であり、次のような規則に従って出現すると考えられる。

(22) <u>句の出だしの低い音調を導く規則</u>（別所方言の句音調）
（最初の2つの拍に核がない場合は）<u>句</u>の最初の拍を<u>高い</u>ピッチで始め、2拍目で<u>下降</u>させる。

つまりこの方言は、句音調が「高く出るか、低く出るか」に関して、東京方言とはちょうど対称的な関係にあると言える。

一般的に言って句音調は、すぐ隣の音調が高ければ低い音調となって現れ、それが低ければ高い音調となって現れる。つまり句音調は、句の出だしや終わりの部分に出現し、隣接する音調と<u>ちょうど反対</u>の音調によって「句の境界を明示する」という役割を担っていると言える。

このように、句音調は方言によって、その出現する位置やピッチの形さえも違うことがある。

読書案内（さらに知りたい人のために）

上野善道（1989）「日本語のアクセント」杉藤美代子（編）『講座日本語と日本語教育2　日本語の音声・音韻（上）』　明治書院
（「句音調」について、具体例に基づいた詳しい説明がある。）

第4章／練習問題

1. 東京方言の助詞付き文節のピッチパターン

　　本文中の（12）の助詞の情報と、次の　　　の中の東京方言の各単語のアクセントの情報をもとにして、(a)〜(n)の文節のピッチパ

ターンを導き出してみよう。(注：⓪はその名詞が無核（平板型）であることを示す。)

> イエ'（家）、エ'キ（駅）、ミチ⓪（道）、アキチ⓪（空き地）、
> ハタケ⓪（畑）、キ'ンジョ（近所）、カイモノ⓪（買い物）、
> ゲ'ンカン（玄関）、コーエン⓪（公園）、
> ダイドコロ⓪（台所）、レ'ストラン

(a) 台所で　(b) 玄関から　(c) 近所を　(d) 買い物に
(e) 家から　(f) 道を　(g) 駅まで　(h) レストランで
(i) 公園まで　(j) 公園から　(k) 空き地ばかり
(l) 道ぐらい　(m) 家に　(n) 玄関で

2. 助詞連結のアクセント（東京方言）

次の□の中の名詞は、東京方言ではすべて無核である。発展編の助詞連結のアクセント規則（p.54～p.55）に従うと、(a)～(j) の文節は、次の（ア）～（ウ）のうちの、どのピッチパターンで出現するだろうか。推理してみよう。

(ア) ○‾○○○○○○
(イ) ○‾○○○○○○
(ウ) ○‾○○○○○○

> トナリ⓪（隣）、カイダン⓪（階段）、テンジョー⓪（天井）、
> シゴトバ⓪（仕事場）、カイギジョー⓪（会議場）

(a) 仕事場からも　(b) 階段からは　(c) 会議場には
(d) 天井にだけ　(e) 会議場でも　(f) 階段でだけ
(g) 天井からも　(h) 仕事場だけで　(i) 隣だけから
(j) 仕事場だけは

第5章 2型アクセント─鹿児島方言

ポイント解説 西南部九州では、語句の長さにかかわらず、型の種類が2種類しかないようなアクセントが使われている。このようなアクセントを2型アクセントと言う。鹿児島の2型アクセントは、高さの山が固定的でなく、助詞や助動詞が付くと山の位置が後ろへずれるという特徴や、複合語のアクセントが前部要素のアクセントによって決まるという規則を持っている。

Keyword ▶ 2型アクセント、A型とB型、助詞のアクセント、式保存

基本編

5.1 2型アクセントとは何か

　第4章までは、東京方言をはじめとした「n+1型アクセント体系」を見てきた。東京方言の体系では、語句が長くなると、それに応じてアクセントの型の数も規則的に増えていくようなしくみがあった。一方、日本語の諸方言の中には、語句が長くなっても、体系内のアクセント型の数が一定に保たれる、という特徴を持つ方言もある。

　語句の長さにかかわらず、型の種類が2つしかないアクセントを2型アクセントと言う。2型アクセントは、長崎県、佐賀県、熊本県西部、鹿児島県といった西南部九州地域で使われているアクセントだが、具体的なピッチパターンは、地域により違いがある。ここでは、最も典型的な特徴を持つ鹿児島方言を取り上げ、2型アクセントのしくみについて見ていくことにしよう。

　まず、鹿児島で使われている2種類のピッチパターンを見てみよう。

(1) 鹿児島方言のピッチパターン
　A　ハ(葉)　　アメ(飴)　　オナゴ(女)　　カマボコ(蒲鉾)
　　　アバラボネ(肋骨) …
　B　ハ(歯)　　アメ(雨)　　オトコ(男)　　アサガオ(朝顔)
　　　ノドボトケ(喉仏) …

Aの行は後ろから2番目が高く、最後が下がる型、Bの行は最後の1つだけが高い型で発音されている。1音節の場合は、Aの行の「葉」が下降調でやや長めに発音されるのに対し、Bの行の「歯」が高平調で短く発音される。鹿児島方言では、どの語をとってみても、この2つの型のどちらかで発音され、それ以外の型で発音されることがない。第2章で見た東京方言では、語が長くなるにつれて型の数が増えていくという特徴を持っていたが、鹿児島方言では、語が長くなっても型の数が2つに固定されていて、それ以上、増えていくことがない。これが2型アクセントの最も大きな特徴である。平山（1951）では、Aの系列をA型、Bの系列をB型と呼んでいる。

　ここで1つ、注意しなければならないのは、「最後から2つ目」「最後の1つ」と数えるときの単位が拍（モーラ）ではなく音節（シラブル）だということである。たとえば、撥音、促音、二重母音を含む語は、次のような音調で発音される。

(2) 撥音、促音、二重母音を含む語のアクセント
　　A型　コドン（子ども）　カタッ（形）　マツイ（祭）
　　B型　カガン（鏡）　　　ウサッ（兎）　ヒカイ（光）

　(2)は、語末の狭母音が脱落したために、語末音が撥音、促音、イとなった例である（たとえば、「子ども」はkodomo>kodomu>kodom>kodoNのように変化したもの）。もし、これらを拍で数えたとすると、コドン（子ども）、カタッ（形）、マツイ（祭）（以上A型）、カガン（鏡）、ウサッ（兎）、ヒカイ（光）（以上B型）のようになるはずだが、(2)ではそうなっていない。それは、撥音や促音、二重母音のイが1つとはカウントされず、直前の音と一緒にして（すなわち音節で）1つとカウントされて、アクセントが付けられているためである。漢語や外来語に現れる撥音や促音、二重母音のイも同じように、音節でカウントされる。

(3) 撥音、促音、二重母音を含む漢語、外来語のアクセント
　　A型　ソロバン（算盤）　ナンゴッ（南国）　ナンカイ（難解）　オートバイ

B 型　　カン̄バ̄ン̄(看板)　ガイ̄コ̄ッ̄(外国)　ナン̄カ̄イ̄(何回)　アリ̄バ̄イ̄

　語末の母音が脱落している場合も、残された子音は直前の音と一緒にして、1つとカウントされる。たとえば、次の語では語末のシやスの母音 i や u が脱落している（以下これを、「シ̣」のように、その文字の下に「.」の記号を付けて示すことにする）。これらは1つとはカウントされず、直前の音と一緒に1つとカウントされている。

(4) 母音が脱落している語のアクセント
　　A 型　　ハ̄ナ̄シ̣（話）　　ヒ̄ー̄メ̄シ̣（昼飯）　　ソデ̄ナ̄シ̣（袖無し）
　　B 型　　オヤ̄シ̣（もやし）　アサメ̄シ̣（朝飯）　　ウグイ̄ス̣（鶯）

　ここまで名詞のアクセントを見てきたが、動詞や形容詞のアクセントも名詞と同じように、A 型と B 型の 2 つの型で構成されている。

(5) 鹿児島方言の動詞のアクセント
　　A 型　　ナ̄ッ̄（泣）　　ノ̄ボ̄ッ̄（登）　　ハタラ̄ッ̄（働）　　ブラサガ̄ッ̄（下）
　　B 型　　モッ̄（持）　　オヨッ̄（泳）　　アツマッ̄（集）　　カナシガッ̄（悲）

(6) 鹿児島方言の形容詞のアクセント
　　A 型　　ア̄ッ̄カ、ア̄ケ̄（赤）　　カ̄ナ̄シ̄カ、カ̄ナ̄シ̣（悲）
　　　　　　ム̄ッ̄カ̄シ̄カ、ム̄ッ̄カ̄シ̣（難）
　　B 型　　シロ̄カ̄、シレ̄（白）　　クワシ̄カ̄、クワシ̣（詳）
　　　　　　アタラシ̄カ̄、アタラシ̣（惜）

　以上をまとめると、鹿児島方言のアクセントは、語句の長さや品詞の種類にかかわらず、以下のような2種類の型を持つ2型アクセントということになる。

(7) 鹿児島方言の2型アクセント
　　A 型　　○　　○̄○̄　　○○̄○̄　　○○○̄○̄　　○○○○̄○̄

B型　◯‾　◯◯‾　◯◯◯‾　◯◯◯◯‾　◯◯◯◯◯‾

5.2　助詞・助動詞が付いたときのアクセント

次に、助詞や助動詞が付いたときのアクセントを見てみよう。(8)はA型の「飴」とB型の「雨」に助詞が付いた例、(9)は助詞連続の例である。

(8) 鹿児島方言の「名詞＋助詞」のアクセント

	単独	～が	～も	～でも	～まで	～ばかり
A型(飴)	ア‾メ	アメ‾ガ	アメ‾モ	アメ‾デン	アママ‾デ	アメバッ‾カイ
B型(雨)	ア‾メ	アメ‾ガ	アメ‾モ	アメデ‾ン	アママデ‾	アメバッカイ‾

(9) 鹿児島方言の「名詞＋助詞連続」のアクセント

	～までも	～まででも	～ばかりが
A型（飴）	アメマ‾デモ	アメマ‾デデン	アメバッ‾カイガ
B型（雨）	アメマデ‾モ	アメマデデ‾ン	アメバッカイ‾ガ

東京方言では、助詞を付けても名詞の高さの山の位置が変わることがないが、(8)や(9)では、高い部分がどんどん後ろにずれている。どこまでずれるかというと、「飴」の場合は「名詞＋助詞（連続）」の後ろから2番目まで、「雨」の場合は、「名詞＋助詞（連続）」の最後まで。つまり、「名詞＋助詞（連続）」といった文節全体がA型、B型のアクセントの担い手になっている。その結果、「名詞＋助詞」（文節）と名詞単独形のアクセントとの間に、次のようなきれいな対応関係が生じている。

(10)「名詞＋助詞」と名詞単独形のアクセントとの対応

　A型：
　チ(血)　チ‾ガ＝ア‾メ(飴)　アメ‾ガ＝オナ‾ゴ(女)　オナゴ‾ガ＝カマ‾ボコ(蒲鉾)
　カマボ‾コガ＝アバラ‾ボネ(肋骨)　アバラボ‾ネガ＝ハタラキ‾モノ(働き者)

B型：
テ̅(手)　テガ̅＝アメ̅(雨)　アメガ̅＝オトコ(男)　オトコガ̅＝アサガオ̅(朝顔)
アサガオガ̅＝ノドボトケ̅(喉仏)　ノドボトケガ̅＝ムラサキイロ̅(紫色)

このような場合、助詞のアクセントはどのように記述すればよいだろうか。結論を先に言えば、助詞はアクセントを持っていないということになる。たとえば、鹿児島方言の「マデ」は、A型の名詞に付くとアメ̅マデ（飴まで）のようになり、B型の名詞に付くとアメマデ̅（雨まで）のようになる（(8)を参照）。つまり、直前の名詞のアクセントによって「マデ」のピッチ形が変わるわけである。このことから、「マデ」自身はアクセントを持たず、名詞のアクセントに従属してピッチが決まるというシステムになっていることがわかる。

動詞や形容詞に付く助詞・助動詞も同じように、ほとんどの助詞・助動詞が自らのアクセントを持っていない。たとえば、動詞や形容詞にン（否定）、タ（過去）、バ（仮定）、スッ（使役）、ルッ（受け身）、デ（順接）が付いたときのアクセントは、次のようになる。やはり文節全体がA型、B型の担い手になっている。

(11) 鹿児島方言の「動詞＋助詞・助動詞」のアクセント

	基本形	否定	過去	仮定	使役	受身
A型(泣く)	ナ̅ッ	ナカ̅ン	ナイ̅タ、ネ̅タ	ナケ̅バ	ナカ̅スッ	ナカ̅ルッ
B型(持つ)	モッ̅	モタン̅	モタ̅	モテバ̅	モタスッ̅	モタルッ̅

(12) 鹿児島方言の「形容詞＋助詞・助動詞」のアクセント

	基本形	過去	仮定	順接
A型（赤い）	アッ̅カ	アカ̅ッタ	アカ̅レバ	アッ̅カデ
B型（白い）	シロカ̅	シロカッタ̅	シロカレバ̅	シロカデ̅

ただし、中には次のような助詞・助動詞もある。

(13)「動詞＋チョッ」のアクセント

	基本形	〜ている	〜ていない	〜ていないから
A型(登る)	ノボッ	ノボッチョッ	ノボッチョラン	ノボッチョランデ
B型(泳ぐ)	オヨッ	オヨイジョッ	オヨイジョラン	オヨイジョランデ

「チョッ」は標準語の「ている」にあたる助動詞だが、(13)では「チョッ」が付いてもノボッ(登る)、オヨッ(泳ぐ)の高さの山が後ろにずれていない。しかも、ノボッチョラン(登っていない)、ノボッチョランデ(登っていないから)、オヨイジョラン(泳いでいない)、オヨイジョランデ(泳いでいないから)では、高さの山が2箇所に現れている。これは「チョッ」自身がA型のアクセントを持つために、後ろから2音節目の「チョ・ジョ」や「ラン」に高さの山が現れたものである。

名詞に付く助詞・助動詞にも、自らのアクセントを持つものがある。たとえば、断定の「ジャ（だ）」、質問を表す「カ、ヤ、ナ」（カは同等、ヤは目下、ナは目上に対して使う）などがそうである。

(14)「名詞＋ジャ、カ、ヤ、ナ」のアクセント

A型(飴)	アメ	アメジャ	アメジャッタ	アメカ	アメヤ	アメナ
B型(雨)	アメ	アメジャ	アメジャッタ	アメカ	アメヤ	アメナ

上の例では、「ジャ、カ、ヤ、ナ」が付いても名詞アメ（飴）、アメ（雨）の高さの山が後ろにずれていない。これは名詞の部分でA型、B型のアクセントが終わり、助詞・助動詞の部分で新たなアクセントが始まっているためである。

どのような助詞・助動詞がアクセントを持つかというと、文末にくる助詞・助動詞がアクセントを持ちやすいという傾向がある。ただし、文末ではピッチが自然に減衰したり、表現意図を表すイントネーションがかぶさったりするので、助詞・助動詞のアクセントが表面化しない場合が多い。上の例でも「ジャ、カ、ヤ、ナ」の部分に高さの山が現れていない。

5.3 音調をつくり出すプロセス

　ここまで、鹿児島方言の2型アクセント体系の特徴を見てきた。ここではちょっと視点を変えて、発話者がどのようなプロセスで実際の音調をつくり出しているかについて考えてみよう。そのプロセスは、次のようなものである。

(15) 音調をつくり出すプロセス

① まず、発話の基本となるのは単語である。鹿児島方言の単語のアクセントは、A型とB型の2つしかなく、東京方言に比べて数が少ないが、どの語がA型でどの語がB型かは、単語ごとに覚えなければならない。助詞・助動詞についても、語ごとにアクセントを持つか、持たないかを覚えなければならないが、アクセントを持つ助詞・助動詞は数が少ないので、これを覚えるのはそう難しくない。

② 次に、語を連ねて文をつくる。ここでは、上で覚えた語のアクセントに従って、A型、B型の担い手（これをアクセント単位と呼ぶ）がどこまでかを決める。アクセント単位は多くの場合、文節に一致するが、「チョッ（ている）」や「ジャ（だ）」のように、アクセントを持つ助詞・助動詞が後ろに付いた場合には、その助詞・助動詞から新たなアクセント単位が始まる。

③ アクセント単位が決まったら、それがA型になるかB型になるかを決める。アクセント単位の型は、最初にくる名詞や動詞、形容詞のアクセント情報により自動的に決まる。

④ A型のアクセント単位に、最後から2音節目を上げ、最後を下げる音調を付け、B型のアクセント単位に、最後の1音節を上げる音調を付ける。

　「子どもが赤い花を持っている」という文を例にとって、具体的に音調をつくり出してみよう。この文は、鹿児島方言で言うと「コドンガ　アッカ　ハナオ　モッチョッ」となる。この文の音調をつくり出す作業は、次のようになる。

(16) 音調の生成の具体例

①単語のアクセントを記憶する。

　コドン＝A　ガ＝0　アッカ＝A　ハナ＝B　オ＝0　モッ＝B　チョッ＝A

　（AはA型を、BはB型を、0はアクセントを持たないことを表す。）

②アクセント単位を決める。

　‖コドン＝A　ガ＝0‖アッカ＝A‖ハナ＝B　オ＝0‖モッ＝B‖チョッ＝A‖

　　　　　　　　　　　　　　　　（‖はアクセント単位の切れ目を表す。）

③アクセント単位がA型か、B型かを決める。

　‖Aコドンガ‖Aアッカ‖Bハナオ‖Bモッ‖Aチョッ‖

④A型、B型の音調を付ける。

　コドンガ　アッカ　ハナオ　モッ　チョッ（チョッのA型は弱化している。）

　個々の単語のアクセントさえ覚えれば、あとは非常に簡単な規則で実際の音調をつくり出すことができることがわかる。

5.4　複合語のアクセント―式保存の法則

　鹿児島方言では、複合語にも東京方言とは異なるアクセント規則が働いている。まず、実際の複合語の例を見てみよう。

(17) 鹿児島方言の複合語のアクセント

A型　ハナ(鼻)　ハナワ(鼻輪)　ハナオ(鼻緒)　ハナイッ(鼻息)
　　　ハナミッ(鼻水)　ハナゴエ(鼻声)　ハナズマイ(鼻詰まり)

B型　ハナ(花)　ハナワ(花輪)　ハナカゴ(花篭)　ハナガサ(花笠)
　　　ハナタンゴ(花桶)　ハナバタケ(花畑)

　A型のハナ(鼻)を前部要素に持つ複合語は、ハナワ(鼻輪)以下すべてA型になり、B型のハナ(花)を前部要素に持つ複合語は、ハナワ(花輪)以下すべてB型になっている。つまり、鹿児島方言は、前部要素のアクセントにより複合語のアクセントが決まるという規則を持っているのである。

一方、東京方言は後部要素により複合語のアクセントが決まるという規則を持っている（東京方言の複合語アクセントの詳細については、第10章を参照）。たとえば、後部要素に「大学」という語を持つ複合語は、すべて「……ダイガク」となり、後部要素に「式（＝方式の意）」という語を持つ複合語は、すべて「……シキ」となる。

(18)　東京方言の複合語のアクセント

　　　　　　　～大学　　　　　　　　　　～式
　　カナザワダイガク（金沢大学）　　カナザワシキ（金沢式）
　　カゴシマダイガク（鹿児島大学）　カゴシマシキ（鹿児島式）
　　ヒロシマダイガク（広島大学）　　ヒロシマシキ（広島式）
　　シズオカダイガク（静岡大学）　　シズオカシキ（静岡式）

　これらを鹿児島方言で発音すると、(19) のようになる。鹿児島方言では、前部要素の型と複合語の型が一致している。

(19)　鹿児島方言の複合語のアクセント

　　前部要素　　　　～大学　　　　　　　　～式
　　金沢：A　　　カナザワダイガク（A）　　カナザワシキ（A）
　　鹿児島：A　　カゴシマダイガク（A）　　カゴシマシキ（A）
　　広島：B　　　ヒロシマダイガク（B）　　ヒロシマシキ（B）
　　静岡：B　　　シズオカダイガク（B）　　シズオカシキ（B）

　ところで、前部要素により複合語のアクセントが決まるという規則は、実は、平安時代の京都アクセントの「式保存の法則」と同じものである（式保存については、第11章も参照）。平安時代の式保存の法則は、金田一春彦（1937）により発見された法則で、「高く始まる型（高起式）を前部要素とする複合語は高く始まる型（高起式）になり、低く始まる型（低起式）を前部要素とする複合語は低く始まる型（低起式）になる」というものである。「高く始まる型」「低く始まる型」を「A型」「B型」に置き換えると、そのまま鹿児島方言の複合語規則として通用する。鹿児島方言の

複合語規則は、この式保存の法則を受け継いだものなのである。

> **Column.1 名前のアクセント—鹿児島方言**
>
> 複合語のアクセント規則は、名前のアクセントにも適用される。たとえば、A型の語で始まる名字や名前はA型になり、B型の語で始まる名字や名前はB型になる。
>
> - A型 カワ(川)　カワムラ(川村)　カワカミ(川上)　カワバタ(川畑)
> - B型 ヤマ(山)　ヤマムラ(山村)　ヤマガミ(山上)　ヤマシタ(山下)
> - A型 ナツ(夏)　ナツコ　ナツミ　ナツヨ　ナツエ　ナツオ
> - B型 ハル(春)　ハルコ　ハルミ　ハルヨ　ハルエ　ハルオ
>
> これに「さん」や「くん」を付けると、高い部分が1つずつずれて、「かわむらさん、かわかみさん、やまむらさん、やましたさん、なつみさん、はるおくん」のようになる。鹿児島方言で出席をとるのを聞いていると、まるでメロディーを聞いているようである。

5.5 東京方言と鹿児島方言のアクセント規則の比較

以上見てきたように、鹿児島方言は東京方言とかなり異なる規則を持っている。両方言の違いを表にまとめてみよう。

(20) 東京方言と鹿児島方言のアクセント体系の比較

	東京方言	鹿児島方言
型の区別	核(位置)	全体のピッチパターン
型の数	n拍につきn+1個	2つ
数える単位	拍(モーラ)	音節(シラブル)
ピッチの山	移動しない	移動する
助詞・助動詞	アクセントを持つものがかなりある	アクセントを持たないものがほとんど
複合語アクセント	後部要素が決定	前部要素が決定

一方、個々の語のアクセント型については、東京方言と鹿児島方言の間に対応が見られる。

(21) 東京方言と鹿児島方言の型の対応

①東京方言の○̄○、○○̄○（平板型）の語は、鹿児島方言では○̄○、○̄○○（A型）になる。

　名　　詞：飴、梅、枝、風、金、壁、釜、酒、庭、端、鼻、形、煙、机…
　動　　詞：行く、売る、置く、する、泣く、上がる、当たる、洗う、登る…
　形容詞：赤い、浅い、厚い、甘い、重い、堅い、軽い、暗い、丸い…

②東京方言の○̄○、○̄○○、○○̄○（頭高型・中高型）の語は、鹿児島方言では○○̄、○○○̄（B型）になる。

　名　　詞：糸、笠、肩、空、中、箸、雨、蔭、声、春、窓、婿、命、兜、一人…
　動　　詞：合う、打つ、書く、来る、持つ、余る、泳ぐ、下がる、光る…
　形容詞：青い、暑い、辛い、黒い、寒い、白い、高い、早い、深い…

この対応関係を手がかりにすれば、東京方言のアクセントから鹿児島方言のアクセントを予測することが可能になる。

> **Column.2　東京方言と鹿児島方言がうまく対応しない語**
>
> ただし、次のように、対応がうまくいかない語もある。
> 　東京方言の○○̄▽（尾高型）の語は、鹿児島方言で○̄○▽（A型）になるものと、○○̄▽（B型）になるものとがある（▽は助詞を表す）。
> 　①○̄○▽（A型）になるもの：歌、音、型、紙、川、寺、夏、橋、冬…
> 　②○○̄▽（B型）になるもの：足、犬、皮、草、事、島、花、腹、山…
> 　また、東京方言の3拍の○○̄○（平板型）の語は、鹿児島方言で○○○̄（B型）になるものがある。
> 　○○○̄（B型）になるもの：兎、鰻、大人、蛙、狐、背中、ねずみ…
> 　遡れば、これらにもきちんとした対応があったが、歴史的変化の結果、このようになったのであって、例外なのではない（第12章参照）。

発展編

5.6　2型アクセントいろいろ

西南部九州各地には、鹿児島とは異なるタイプの2型が分布している。

そのうちのいくつかについて見てみよう。

・長崎方言の2型アクセント
　長崎方言の2型は、次のようなピッチパターンで発音される。

(22) 長崎方言の2型アクセント
　　A型　　 ̄ハー(葉)　 ̄アメ(飴)　 ̄オナゴ(女)　 ̄カマボコ(蒲鉾)　 ̄アバラボネ(肋骨)
　　B型　　ハー(歯)　アメ(雨)　オトコ(男)　アサガオ(朝顔)　ノドボトケ(喉仏)

　A型は、最初から数えて2つ目まで高く、3つ目から下がる型(全体の長さが2以下の場合は、1つ目が高く、2つ目が下がる型)で発音され、B型はほとんど平らな型で発音される。これまで見てきた鹿児島方言は、A型もB型も、文節の最後の部分に上昇や下降が現れるタイプだった。これは言い換えれば、鹿児島方言が文節の切れ目を文節の終わりの部分で表示する方言であることを表している。それに対し、長崎方言は、A型が文節の最初の部分で下降し、B型が下降しないというシステムを持っている。すなわち、長崎方言は、文節の切れ目を文節の始まりの部分で表示する方言なのである。長崎方言のB型が平らな型で発音されるのも、長崎方言では文節の終わりを強いて表示する必要がないためである。

　次に、数える単位は拍(モーラ)である。(23)は撥音、促音、長音(ちょうおん)、二重母音を含む語の例だが、いずれも拍で数えて2つ目までが高くなっている。

(23) 撥音、促音、長音、二重母音を含む語のアクセント
　　 ̄サンダル　 ̄ワンピース　 ̄リュックサック　 ̄サーカス　 ̄ワイシャツ

　長崎方言でも助詞・助動詞の多くは、アクセントを持っていない。ただし、長崎方言のA型は3拍目から下がるタイプなので、3拍以上の名詞では、助詞・助動詞が付いても高さの山が移動しない。「名詞+助詞」

の例を次にあげておこう。

(24) 長崎方言の「名詞＋助詞」のアクセント

	単独	～が	～も	～でも	～ばかり
A型（女）	オナゴ	オナゴガ	オナゴモ	オナゴデモ	オナゴバッカリ
B型（男）	オトコ	オトコガ	オトコモ	オトコデモ	オトコバッカリ

　複合語のアクセントは、前部要素によって決まる。この点は鹿児島方言と同じである。ただし、前部要素が3拍以上になると、前部要素のアクセントに関係なく、複合語がB型になる傾向がある（(25)の「田舎料理」の例）。

(25) 長崎方言の複合語のアクセント

　　前部2拍　　ハナ（鼻A）＋ミズ（水A）→ハナミズ（鼻水A）
　　　　　　　イロ（色B）＋カミ（紙A）→イロガミ（色紙B）
　　前部3拍　　イナカ（田舎A）＋リョーリ（料理A）
　　　　　　　　　　　　　　　　　　→イナカリョーリ（田舎料理B）
　　　　　　　ワタリ（渡りB）＋ローカ（廊下A）→ワタリローカ（渡り廊下B）

Column 3　鹿児島アクセントの今昔——ゴンザの残した記録から

　鹿児島には、18世紀初頭のアクセントが復元できる資料がある。ロシアに漂流したゴンザという青年の残した資料である。ゴンザは1728年、11歳のときに薩摩から大坂へ向かう船に乗り込んだが、船が暴風雨に遭い、カムチャトカに漂着する。そこで囚われの身となり、ペテルブルグへ送られ、アンナ・ヨアノヴナ女帝に謁見。勅令により日本語の辞書と入門書の作成に携わることとなった。1739年に亡くなるまでに6冊の書物を作成する。11歳で薩摩を離れたゴンザにとって、日本語といえば薩摩語、文字といえばキリル文字だった。そのため、キリル文字で書かれた18世紀の薩摩語の辞書とテキストという珍しい資料が誕生することとなった。
　さらに貴重なことに、この資料の一部にはアクセント符号が付されている。この符号からは、次のような2型アクセントを復元することができる。

　　Ⅰ類　　○　　○○　　○○○　　○○○○

> Ⅱ類　○̄　○○̄　○○○̄　○○○○̄　(○○○○̄も)
>
> 　Ⅰ類は現在の鹿児島方言でA型に発音される語類、Ⅱ類は現在の鹿児島方言でB型に発音される語類である。Ⅱ類のアクセントは、現在の鹿児島方言のB型と一致するが、Ⅰ類のアクセントは、現在の鹿児島方言のA型とは一致しない。むしろ、長崎方言や屋久島の中・南部方言のアクセントに近い。ゴンザの出身地が薩摩のどこなのか、いまひとつはっきりしないのだが、アクセント以外の特徴から、薩摩半島のどこかではないかと推測される。そうすると、鹿児島では18世紀から現在に至るまでの間に、Ⅰ類のアクセントが、○̄○○○から○○○○̄へ変化したということになる。

・屋久島、宮之浦方言の2型アクセント

　鹿児島県屋久島の宮之浦方言では、A型が最初の1音節だけ高く、2音節目から下がる型で発音され、B型は平らな型で発音される。長崎方言と同じように、A型では文節の最初の部分に下降が現れるが、B型では平らな音調が続いて、助詞が低く付く。

(26) 屋久島、宮之浦方言のアクセント

　　　　　　A型　　　　　　　　　　　　　　B型
1拍語　ハ̄(葉)〜ハ̄ガ　　　　　　　　　ハ(歯)〜ハガ̲
2拍語　ア̄メ(飴)〜ア̄メガ　　　　　　　アメ(雨)〜アメガ̲
3拍語　オ̄ナゴ(女)〜オ̄ナゴガ　　　　　オトコ(男)〜オトコガ̲
4拍語　カ̄マボコ(蒲鉾)〜カ̄マボコガ　　アサガオ(朝顔)〜アサガオガ̲
5拍語　ア̄バラボネ(肋骨)〜ア̄バラボネガ　ノドボトケ(喉仏)〜ノドボトケガ̲

(ガ̲は「が」が低く付くことを表す。)

　(26)にあげたように、B型の語には助詞が低く付く。そのため、B型では「名詞＋助詞」のアクセントと名詞単独形のアクセントが一致しない。つまり、両者の間に対応関係が成立しなくなっている。この点は、鹿児島方言や長崎方言と大きく異なる。

(27)「名詞＋助詞」と名詞単独形のアクセントの対応（宮之浦方言）

　　A型　ハ̄　　ハ̄ガ＝ア̄メ　　ア̄メガ＝オ̄ナゴ　　オ̄ナゴガ＝カ̄マボコ　　カ̄マボコガ

B型　ハ　ハガ≠アメ　アメガ≠オトコ　オトコガ≠アサガオ　アサガオガ

・種子島、中種子方言の２型アクセント

　鹿児島県種子島の中種子方言のアクセントは、A型が語末まで高い型（ただし助詞は低く付く）、B型が文節の最後の２音節が低くなる型（２音節以下の場合は、後ろの１音節が下がる型）で発音される。これまで見てきた方言では、すべて、A型が下降するパターン、B型が下降しないパターン（あるいは上昇するパターン）で発音されていたが、中種子方言では下降、上昇のパターンがこれらの方言と逆になっている。

(28) 中種子方言のアクセント

　　　　　　　A型　　　　　　　　　　　　B型
　１拍語　ハ(葉)～ハガ　　　　　　　　ハ(歯)～ハガ
　２拍語　アメ(飴)～アメガ　　　　　　アメ(雨)～アメガ
　３拍語　オナゴ(女)～オナゴガ　　　　オトコ(男)～オトコガ
　４拍語　カマボコ(蒲鉾)～カマボコガ　アサガオ(朝顔)～アサガオガ
　５拍語　アバラボネ(肋骨)～アバラボネガ　ノドボトケ(喉仏)～ノドボトケガ

　(28)にあげたように、中種子方言ではA型の語に助詞が低く付く。そのため、A型では「名詞＋助詞」のアクセントと名詞単独形のアクセントが一致せず、両者の間に対応関係が成立しなくなっている((29)を参照)。このような中種子方言のA型の特徴は、屋久島宮之浦方言のB型と共通している。

(29)「名詞＋助詞」と名詞単独形のアクセントの対応（中種子方言）

　A　ハ　ハガ≠アメ　アメガ≠オナゴ　オナゴガ≠カマボコ　カマボコガ
　B　ハ　ハガ＝アメ　アメガ＝オトコ　オトコガ＝アサガオ　アサガオガ

読書案内（さらに知りたい人のために）

木部暢子（2000）『西南部九州二型アクセントの研究』　勉誠出版
　（鹿児島方言を中心とする西南部九州２型アクセントについて、アクセント体

系やアクセント規則、助詞・助動詞のアクセントなどを分析したもの。ゴンザ資料の詳細な分析がある。）

窪薗晴夫（2006）『アクセントの法則』 岩波書店
　（日本語のアクセント法則を他の言語の研究成果を踏まえて解説したもの。後半に鹿児島方言アクセントの規則と最近のアクセント変化についての説明がある。）

坂口至（2001）「長崎方言のアクセント」『音声研究』5（3）：33-41
　（長崎方言のアクセントについて、アクセント体系、外来語・複合語・数詞・助数詞・助詞・助動詞などのアクセントを解説したもの。具体的な用例が多数あげられている。）

平山輝男（1951）『九州方言音調の研究』 学界之指針社
　（九州全域にわたり、アクセントの実態を初めて明らかにした書。2型アクセントの地域を明らかにしたのも本書が初めてである。九州方言アクセントを研究するための必読書。）

平山輝男（1960）『全国アクセント辞典』 東京堂出版
　（現代語約10万語につき、見出し語、派生語、用例、活用語に共通語アクセントを付けた辞典。各見出し語には京都アクセント、鹿児島アクセントも付けられている。）

第5章／練習問題

1. 鹿児島方言の単語のアクセント

　東京方言のアクセントから鹿児島方言のアクセントを推測してみよう。次の語は、鹿児島方言アクセントでは a．b．のどちらになるだろうか。

　　(1) 庭　　a. ニワ　　b. ニワ　　(2) 空　　a. ソラ　　b. ソラ
　　(3) 竹　　a. タケ　　b. タケ　　(4) 肩　　a. カタ　　b. カタ
　　(5) 見る　a. ミル　　b. ミル　　(6) 揉む　a. モム　　b. モム

2. 鹿児島方言の複合語のアクセント

　次の複合語は、鹿児島方言アクセントでは a. b. c. のどれになるだろうか（p.69、p.70 を参照）。

　　(1) 赤信号　a. アカシンゴー　b. アカシンゴー　c. アカシンゴー

(2) 青信号　a. アオ￣シンゴー　b. アオシンゴ￣ー　c. アオシンゴー￣
(3) 春休み　a. ハル￣ヤスミ　b. ハルヤス￣ミ　c. ハルヤスミ￣
(4) 夏休み　a. ナ￣ツヤスミ　b. ナツヤス￣ミ　c. ナツヤスミ￣

ヒント▶︎ それぞれの語の鹿児島方言アクセントは次の通りである。
　　赤＝ア￣カ　　青＝アオ￣　　信号＝シンゴ￣ー
　　春＝ハ￣ル　　夏＝ナ￣ツ　　休み＝ヤス￣ミ

3. 鹿児島方言の文のアクセント
　次の文に鹿児島方言アクセントを付けてみよう（p.68、p.69を参照）。
　(1) オバーサンワ　カワエ　センタクニ　イキマシタ（おばあさんは川へ洗濯に行きました。）
　(2) カタノ　シュルイガ　フタツシカ　ナイ　アクセントガ　ニケーアクセント　ジャ（型の種類が2つしかないアクセントが2型アクセントだ。）
　(3) アメニモ　マケズ　カゼニモ　マケズ　ユキニモ　ナツノ　アツサニモ　マケヌ　ジョーブナ　カラダオ　モツ（雨にも負けず、風にも負けず、雪にも、夏の暑さにも負けぬ丈夫な体を持つ。）

ヒント▶︎ それぞれの語の鹿児島方言アクセントは次の通りである。
【名詞】アクセント＝A　アツサ（暑さ）＝B　アメ（雨）＝B
オバーサン＝B　カゼ（風）＝A　カタ（型）＝A　カラダ（体）＝A
カワ（川）＝A　シュルイ（種類）＝A　センタク（洗濯）＝A
ナツ（夏）＝A　ニケー（2型）＝B　フタツ（2つ）＝A　ユキ（雪）＝A
【動詞】イク（行く）＝A　マケル（負ける）＝A　モツ（持つ）＝B
【形容詞】ナイ（無い）＝B　ジョーブナ（丈夫な）＝B
【助詞・助動詞】エ（方向）＝0　オ（目的格）＝0　ガ（主格）＝0　シカ（取立て）＝0　ズ（打消し）＝0　タ（過去）＝0　ニ（対象格）＝0　ヌ（打ち消し）＝0　ノ（連体格）＝0　ワ（主題）＝0　マス（丁寧）＝0　モ（列挙）＝0　ジャ（断定）＝p.67(14)を参照

第6章 3型アクセント—隠岐島の方言

ポイント解説 3型アクセント体系では、前章で扱った2型アクセントの鹿児島方言と同じく、語句が長くなっても型の数が一定数以上に増えていかない。このような体系を総称して「N型アクセント」体系と言う。N型アクセント体系では、多くの助詞、助動詞が核を持たないため、最初の語のアクセントが、アクセント単位全体のアクセント型を決定する。

Keyword ▶ 3型アクセント、N型アクセント、助詞のアクセント

基本編

6.1 隠岐島のアクセント

　島根県の沿岸から北東へ約50キロの沖合にある隠岐諸島は、独特のアクセントを持つことで知られている。この島は島根県に位置するが、そのアクセント体系は、同じ島根県の他の方言のものとは、かなり異なっている。

　そのきわだった特徴は、東京方言などと違って、語の長さに応じて型の数が増加していかないということだ。この点は、第5章で扱った2型アクセントの鹿児島方言と同じである。

　隠岐島が鹿児島と異なる点は、そのアクセント体系が、2つではなく3つの型から成り立っているという点である。この3つの型を、以下、A型、B型、C型と呼ぶことにしよう。

　隠岐諸島は、その集落ごとにアクセントがさまざまに異なることでも有名であるが、ここでは、五箇という集落のアクセントに焦点をあててみよう。次の (1) は、五箇方言の2拍名詞「鳥、山、雨」の示す3種類のアクセント型である。

(1) 隠岐島　五箇方言のアクセント1（2拍名詞）

	単独	～が	～から	～まで
A	ト̄リ	ト̄リ̄が	ト̄リ̄か̄ら	ト̄リ̄ま̄で

B	ヤマ	ヤマが	ヤマから	ヤマまで
C	アメ	アメが	アメから	アメまで

　まず、B型から見てみると、単独形ではヤマのように第1拍目にピッチの頂点を持つが、助詞のガ、カラが付くと、「ヤマが、ヤマから」のように2拍目にピッチの頂点がずれる。しかしその頂点は、2拍目より後ろにはずれることはない。

　次にC型は、アクセント単位がどんなに長くなっていっても、つねに第1拍目にピッチの頂点がくる（雨：アメが、アメから、アメまで）。ただし、「アメ（雨）」「エが（絵が）」のようにアクセント単位全体の拍数が2拍の場合は、その2拍目には中くらいの音調（◯）が出現する（ちなみに五箇の隣の久見という集落の方言では、この中くらいの高さの音調は「アメが、アメから、アメまで」のように、C型の語から始まるアクセント単位の末尾に、つねに出現する）。

　最後に、A型のアクセントは、単独形ではトリのように高いピッチが2拍続くような型になるが、助詞が付いてアクセント単位が長くなってくると、1つのアクセント単位内に2つのピッチの頂点が生じて、「トリが、トリから」のような型になる。

6.2　N型アクセントとは何か

　では、もっと長い単語ではどうなのだろうか。(2) は五箇方言の3、4拍の名詞に、いろいろな助詞を付けた場合のアクセントである。

(2) 隠岐島　五箇方言のアクセント2（3、4拍名詞）

A	（車）	クルマ	クルマが	クルマから	クルマまで
B	（紅葉）	モミジ	モミジが	モミジから	モミジまで
C	（鼠）	ネズミ	ネズミが	ネズミから	ネズミまで
A	（金持）	カネモチ	カネモチが	カネモチから	カネモチまで
B	（朝顔）	アサガオ	アサガオが	アサガオから	アサガオまで

C（鶏）　　￣ニワトリ　￣ニワトリが　￣ニワトリから　￣ニワトリまで

　五箇方言では、このように、どんなにアクセント単位全体が長くなっても、型の数が３つ以上には増えていかない。このような特徴を持つアクセント体系を、「3型アクセント」体系と呼んでいる。
　ただし、この方言の1拍名詞には、次のような２つの型しかない。

(3)　隠岐島　五箇方言のアクセント３（1拍名詞）
　　B（柄）　￣エ　　￣エが　　￣エから　　￣エまで
　　C（絵）　￣エ　　￣エが　　￣エから　　￣エまで

　その1拍名詞も合わせて、五箇方言の体系の全体像を見てみよう。

(4)　隠岐島　五箇方言のアクセント体系
　　A　　　　　　　　　（鳥）￣トリ　トリが　　（車）クル￣マ　クル￣マが
　　B（柄）￣エ、￣エが　（山）￣ヤマ　ヤマが　　（紅葉）モ￣ミジ　モ￣ミジが
　　C（絵）￣エ、￣エが　（雨）￣アメ　アメが　　（鼠）￣ネズミ　￣ネズミが

　この五箇方言で特に興味深いのは、A型のアクセント型である。このA型の２つ目のピッチの頂点は、クル￣マガ、クルマ￣カラ、カネモ￣チガ、￣カネモ￣チカラのように、アクセント単位全体が長くなるにつれて後ろのほうにずれていくからだ。しかし、なぜかその２つ目の頂点は、4拍目より後ろに移っていくことはない。
　このような特徴は、次のように名詞の後ろにマデ－モ、カラ－シカのように、助詞をいくつも連続させてみると、一層はっきりする。

(5)　隠岐島　五箇方言のA型のリズム
　　￣クルマからも　￣クルマまでも　￣クルマからしか　￣クルマからまでも

　この五箇方言をはじめ、隠岐諸島では（2型アクセント体系を持つ知夫島という島の方言を除き）そのほとんどの集落で、このような「3型

アクセント体系」が観察されている。

　さて、鹿児島や長崎などの九州西南部の諸方言には、広く「2型アクセント」体系が分布していることは、すでに第5章で見てきた。この2型アクセント体系に、隠岐島に観察されるような3型アクセント体系を加え、アクセント型の数が一定していて、長さに応じて型の数が増えていかないようなアクセント体系のことを、「N型アクセント」と呼んでいる。N型アクセントには、この他にも、宮崎県都城市を代表とする「1型アクセント」体系がある。

> ### Column.1　N型体系の分布
>
> 　N型アクセントの体系は、隠岐島や鹿児島だけでなく、西日本を中心に、広く分布している。九州の佐賀県の鹿島、長崎県の長崎や島原、熊本県の天草諸島、甑島や屋久島などの島嶼部を含む鹿児島県の大部分の方言など、九州西南部の諸方言が、その代表である。そして（奄美大島、喜界島、徳之島、沖永良部島、与論島などの）奄美諸島、沖縄本島、（多良間島、池間島などの）宮古諸島の一部、石垣島、竹富島、波照間島などの八重山諸島、そして日本の最西端の与那国島に至るまで、広範な地域にこのN型アクセントが観察されている。このN型アクセント体系は、n+1型体系に次いで多く見られるアクセントのしくみである。

6.3　N型アクセントの一般的特徴

　さて、「N型アクセント」というように、1型、2型、3型アクセント体系を1つにまとめる理由とは、いったい何なのだろうか。それは、これらの方言が、ある特徴を共有しているからである。引き続き五箇方言を通じて、この特徴とは何かについて考えてみよう。

　五箇方言の特に顕著な特徴は、一番初めにくる要素の本来持っている型がA、B、C型のどれかによって、それを含むアクセント単位全体の型が自動的に決まる、という点である。

　このような性質は、次のように名詞の後ろにマデーモ、カラーシカ、カラーマデーモのように、助詞を連続させて長い文節をつくってみるとはっきり見えてくる。

(6) 隠岐島　五箇方言のアクセント4
　A　̄クルマ̄からも　̄クルマまでも　̄クルマ̄からしか　̄クルマ̄からまでも
　B　モ̄ミ̄ジからも　モ̄ミ̄ジまでも　モ̄ミ̄ジからしか　モ̄ミ̄ジからまでも
　C　̄ネズミからも　̄ネズミまでも　̄ネズミからしか　̄ネズミからまでも

つまり五箇方言では、アクセント単位の最初にくる語のアクセント型が、A、B、C型のどれかということさえ知っていれば、そのアクセント単位全体の長さに応じて、その型がどうなるかは完全に予測できる。

たとえばA型の単語から始まるアクセント単位は、全体が3拍ならば ̄○○○、4拍ならば ̄○○ ̄○…というように、その拍数に応じてそのピッチパターンがあらかじめ定まっている。これは、次のような例が示している。

(7) 隠岐島　五箇方言のアクセント型（A型）

A 型

文節の長さ	型	例		
3拍	̄○○○	̄トリが	̄クルマ̄	
4拍	̄○○ ̄○	̄トリから ̄	̄トリまで	̄クルマが ̄
		̄カネモ ̄チ		
5拍	̄○○○ ̄○	̄トリからも ̄	̄クルマから ̄	̄クルマにも ̄
		̄カネモ ̄チが		
6拍	̄○○○ ̄○○	̄トリからまで ̄	̄クルマまでも ̄	̄カネモチまで ̄

A型の2拍名詞に助詞「が」が付いた「トリが」は、アクセント単位全体が3拍となるので、3拍名詞の「クルマ」の単独形のアクセント型と同じ ̄○○○になる。その「クルマ」という名詞に助詞ガが付いた「クルマが」の型は、アクセント単位全体が4拍になるので、4拍名詞の「カネモチ」の単独形と同じ ̄○○ ̄○という型になる。さらに、その「クルマ」という名詞に助詞ニとモが付いた「クルマにも」の型は、アクセント単位全体が5拍になるので、4拍名詞「カネモチ」にガが付いて5拍になったアクセント単位「カネモチが」と同じ ̄○○○ ̄○という型になる。

このようにして、アクセント単位全体の長さが決まれば、そのアクセントの型はどうなるかは完全に予測できる。同じようなことが、B型、C型についても言える。これらもアクセント単位全体の拍数に応じてその型が自動的に決まることが、(8)の例からわかる。

(8) 隠岐島　五箇方言のアクセント型（B型、C型）

B型

文節の長さ	型	例		
3拍	○⎯○○	ヤ⎯マが	モ⎯ミジ	
4拍	○⎯○○○	ヤ⎯マから	ヤ⎯マまで	モ⎯ミジが
		ア⎯サガオ		
5拍	○⎯○○○○	ヤ⎯マからも	モ⎯ミジから	モ⎯ミジにも
		ア⎯サガオが		
6拍	○⎯○⎯○○○○	ヤ⎯マからまで	モ⎯ミジからも	ア⎯サガオから

C型

文節の長さ	型	例		
3拍	⎯○○○	⎯アメが	⎯ネズミ	
4拍	⎯○○○○	⎯アメから	⎯アメまで	⎯ネズミが
		⎯ニワトリ		
5拍	⎯○○○○○	⎯アメからも	⎯ネズミから	⎯ネズミにも
		⎯ニワトリが		
6拍	⎯○○○○○○	⎯アメからまで	⎯ネズミからも	⎯ニワトリから

これは五箇方言だけでなく、隠岐島の3型アクセント体系全体に共通した特徴である。つまり隠岐島諸方言では、アクセント単位の最初にくる語が「どの」グループに入るか、という情報だけを知っていれば、その長さに応じて、全体の型がどうなるかは完全に予測できる。

したがって、隠岐方言の話し手は、ある名詞がA、B、C型のうちの「どれ」に属すかということは、一つひとつの単語ごとに記憶しておかなければならないが、その名詞から始まるアクセント単位全体がどんな型で

実現するかは、一つひとつ覚えておかなくても、自動的に導き出すことができる。

このような性質は、鹿児島方言を代表とする九州2型アクセント体系にも共通している。これは、すべてのN型アクセント体系に共通する「N型アクセント体系の一般的特徴」と言ってよい。

発展編

6.4 N型アクセントの助詞

では、どうしてこのようなことが起こるのかを、考えてみよう。その答えを解く鍵は、助詞のアクセントにある。第5章の鹿児島方言でも見てきたが、一般的にN型アクセント体系では、名詞の後ろに付加される助詞のほとんどがアクセントを持っていない。

このことは、東京方言の助詞と対比してみると、よくわかる。

すでに第4章で、東京方言の助詞のアクセントを見てきた。それによれば、東京方言には、核を持たない（無核の）助詞（「が、も、に、から、だけ」など）と、核を持つ（有核の）助詞（「ま'で、し'か、さ'え、ばかり、ぐ'らい」など）の2種類の助詞があった。

東京方言の無核の名詞 サカナ（魚）に、上記の2種類の助詞を付けてみると、次のような違いが出てくる。

(9) 東京方言の助詞のアクセント

（無核の名詞＋無核の助詞）
サカナが　　サカナも　　サカナに　　サカナから　　サカナだけ

（無核の名詞＋有核の助詞）
サカナまで　　サカナしか　　サカナさえ
サカナばかり　　サカナぐらい

したがって東京方言の話し手は、名詞だけでなく助詞についても、それがアクセント核を持つか、持たないか（無核か、有核か）、という情報を覚えておく必要がある。

これに対して、五箇方言をはじめとする隠岐島の３型アクセント体系の方言では、ほとんどすべての助詞が、３つのアクセント型（Ａ型、Ｂ型、Ｃ型）のうちのどの型に属するかについて、何も指定されていない。そのため、どのような助詞が後ろに続いても、また助詞がいくつ連続しようとも、そのアクセント単位の初めにくる名詞の持つアクセント型さえわかっていれば、その全体的な型は導ける。

> **Column 2　隠岐島五箇方言の有核助詞**
>
> 　ただし、五箇方言のすべての助詞が、アクセントについての指定がないというわけではない。五箇では、「だけ」と「ばかり」という助詞は、例外的にアクセントを持っている。そのことは、次の例からわかる。
>
> 　　クルマにだけ　　クルマにばかり
> 　　モミジにだけ　　モミジにばかり
> 　　ネズミにだけ　　ネズミにばかり
>
> 　この２つの助詞がなぜこのように例外的なふるまいをするのか、その理由はわかっていない。古くは他の助詞も、この２つの助詞と同様にアクセントを持っており、それが歴史を経るに従って、次第にアクセントを失っていったのかもしれない。しかしその真相は、今のところ不明である。

　東京方言と五箇方言のもう１つの違いは、助詞が連続したときに見られる。東京方言では、たとえば「コドモ＋に＋も」「コドモ＋から＋も」というように助詞が連続した場合、助詞と助詞の連結部分にあらたに下がり目が生じて、「コドモにも」「コドモからも」のようになることは、第４章で見てきた。

　ところが五箇方言には、そのようなことが起こらない。

　このことは、次のように、東京方言の無核の「クルマ（車）」と、五箇方言のＡ型の「クルマ」に、助詞や助詞連結が続いた場合のアクセント型で、両者を比較してみるとよくわかる。

(10)　東京方言と隠岐島　五箇方言のアクセント型比較
　　　東京　　クルマ　　クルマに　　クルマも　　クルマにも
　　　　　　クルマから　　クルマからも　　クルマにまで

五箇　　クルマ　クルマに　クルマも　クルマにも
　　　　　クルマから　クルマからも　クルマにまで

　五箇方言では、どのような助詞がいくつ連続しようとも、「クルマからも、クルマまでも、クルマからしか、クルマからまでも」のように、アクセント単位全体の長さに応じて、「クルマ」という名詞の本来持っているアクセント型が、アクセント単位全体に実現する。

　以上のように、五箇方言をはじめとする隠岐島の諸方言では、アクセント単位の最初にきた語が3つの型のどのグループに入るかという情報と、アクセント単位の長さについての情報とに基づいて、全体の型がどうなるのかが完全に予測できる。その理由は主に、①ほとんどの助詞が自らのアクセント型を持っていないこと、②助詞が連続してもその連結部分にあらたにアクセントが生じることがないこと、という2点にある。

　これとまったく同じようなことが、第5章で扱った鹿児島方言にも言える。つまり、これは各地の2型アクセントや3型アクセントの体系のほとんどすべてに共通した特徴と言える。

　「N型アクセント」は、このような一般的な特徴を共有する体系として、1つのカテゴリーにまとめることができる。

6.5　琉球列島の3型アクセント

　3型アクセント体系は、本土ではまだ隠岐島にしか報告されていないが、琉球列島には数多く発見されている。そしてそのどれもが、これまで述べてきたN型アクセントの一般的特徴を共有している。しかし、それ以外の細かい特徴を見ると、琉球の3型アクセントは、隠岐島のものとはだいぶ違っている。

　琉球列島の3型アクセント体系は、それぞれが他とは異なる、個性あふれるしくみを持っている。たとえば、宮古諸島の多良間島の3型アクセント体系では、「下がり目が生じるか生じないか、生じるならどこに生じるか」によって、3つの型が区別されている。次の例を見てみよう。この例の中の助詞マイは、東京方言のモにあたるものだ。

(11) 多良間島方言のアクセント
　A　（帆）￣プー　￣プーまい　　　（箱）￣パク　￣パクまい
　　　　　　　　　　　　　　　　　（宝物）￣クガニ　￣クガニまい
　B　（目）￣キー　￣キーまい　　　（雨）￣アミ　￣アミまい
　　　　　　　　　　　　　　　　　（油）￣アッヴァ　￣アッヴァまい
　C　　　　　　　　　　　　　　　（桶）￣グキ　￣グキまい
　　　　　　　　　　　　　　　　　（刀）￣カタナ、カタナまい

　多良間島では、Aグループには下がり目はどこにも生じないが、B、Cグループには下がり目が生じている。Bグループの下がり目は、助詞マイの1拍目に生じるのに対して、Cグループの下がり目は、最初の名詞の内部に生じている。
　一方、奄美諸島にも、3型アクセント体系が広く分布している。次の知名（ちな）という集落は、奄美諸島の沖永良部島（おきのえらぶじま）にあるが、その知名方言に見られる3型アクセントは次のようなものである。次の例の中のヌという助詞は、東京方言の主語に付く助詞のガに相当するものだ。

(12) 沖永良部島　知名方言のアクセント
　A　（粉）￣クー　￣クーぬ　（紙）￣ハビ　￣ハビぬ　（煙）￣ヒブシ　￣ヒブシぬ
　B　（目）￣ミー　￣ミーぬ　（肉）シ￣シー　シ￣シぬ　（鏡）ハ￣ガニー　ハ￣ガニぬ
　C　　　　　　　　　　　　（鍋）ナ￣ビ　ナ￣ビぬ　（刀）ハタ￣ナ　ハタ￣ナぬ

　この方言では、ピッチの「上がり目」がどこにあるかによって3つの型が区別されているようだ。したがって、ヒブシ（煙）、ハガニー（鏡）、ハタナ（刀）は、それぞれ○○○（無核）、○○○*（有核）、○○○*（有核）のように考えておき、「核の置かれた次の拍のピッチを高くする」、というような規則を考えることができる。
　面白いのはBグループで、単語単独の発音では、ハガ̈ニ̈ー̈のようにその語末の母音を長くして、そこにピッチの山を実現するが、後ろに助詞が付くと「ハガ̈ニ̈ぬ̈」のように、そのピッチの山が助詞部分にずれていく。

第6章　3型アクセント―隠岐島の方言

琉球列島の3型アクセント体系における数詞のアクセント

Column.3

日本語のいわゆる「和語系」数詞は、古くは3種類のアクセント型によって区別されていたことがわかっている。「1つ」対「2つ、3つ、4つ、6つ、8つ」対「5つ、7つ、9つ」、という3グループである（平安時代の京都方言には、この3種のアクセントの違いが残されていた）。

ところが、現代の東京方言では、「1つ」と「5つ、7つ、9つ」の型が合流し、次のような2種類の違いを区別するだけになってしまった。

　　ふたつ'　みっつ'　よっつ'　むっつ'　やっつ'　→　3拍目に核を持つ型
　　ひど'つ　いつ'つ　なな'つ　ここ'のつ　　　　→　2拍目に核を持つ型

これに対して奄美や沖縄など、琉球各地に見られる「3型アクセント体系」では、かつての3種類のアクセントの区別の痕跡が、現在でも残されている方言が多い。たとえば沖永良部島の正名(まさな)方言では、これらの数詞は次のようなアクセント型で現れる。

［沖永良部島正名方言の数詞］

1. ひとつ　￣ティーチ　　6. むっつ　￣ムーチ
2. ふたつ　￣ターチ　　　7. ななつ　ナナチー￣
3. みっつ　￣ミーチ　　　8. やっつ　￣ヤーチ
4. よっつ　￣ユーチ　　　9. ここのつ　クヌチー￣
5. いつつ　イチー￣　　10. とお　￣トゥー

この方言では、「1つ」は￣ティーチのように、第1拍目でいったん下がってから語末で再び上昇する型で現れる。これに対し「2つ、3つ、4つ、6つ、8つ、10」は、下がり目がどこにも生じず、高く平板な音調￣○○○で出現する。また、「5つ、7つ、9つ」は、最後の拍を引き伸ばして、その部分を高くしたうえで、イチー￣、ナナチー￣のように、語頭の第2拍目までを高くするような型だ。

この方言の体系内では、「1つ」はCグループ、「2つ、3つ、4つ、6つ、8つ、10」はAグループ、「5つ、7つ、9つ」はBグループに属している。

琉球列島のことばは、本土諸方言に比べて、そのアクセント体系内の型の数は少ない。しかし、数詞のアクセントだけに関して言えば、東京方言よりも古い特徴を保っていると言えるだろう。このように琉球語は、日本語の祖先から引き継いださまざまな古い特徴を現代に伝えている。

また、3種類のアクセント型の違いが音節の「長さ」の違いとなって出現する、という珍しい方言も琉球列島にはある。沖永良部島と同じ奄美諸島に属し、闘牛が盛んなことで有名な徳之島の一部に、そのような方言が報告されている。次の岡前(おかぜん)方言は、その一例である。

(13) 徳之島　岡前方言のアクセント1
　　A　（葉）ハー　ハーぬ　　　（草履）サバー　サバーぬ
　　　　　　　　　　　　　　　（力）チキャーラ　チキャーラぬ
　　B　（湯）ユー　ユーぬ　　　（山）ヤマー　ヤマーぬ
　　　　　　　　　　　　　　　（鏡）カガミー　カガミーぬ
　　C　　　　　　　　　　　　（砂糖）サータ　サータぬ
　　　　　　　　　　　　　　　（刀）カターナ　カターナぬ

　この3型アクセント体系では、ある名詞がA、B、Cグループのうちのどれに属するかを判別する際に、そのピッチの高さだけでなく、どの音節の母音が長くなっているかを観察することが役立つ。
　この岡前方言のとりわけ興味深い特徴は、名詞の持つアクセント型によって生じる音節の長さの違いが、次に付加する助詞にまで乗りうつることがあることだ。たとえば、カラという助詞を、岡前方言のそれぞれのグループの名詞に付けてみると、次のようになる。

(14) 徳之島　岡前方言のアクセント2
　　A　（葉）ハーから　　（草履）サバーから　　（力）チキャーラから
　　B　（湯）ユーかーら　（山）ヤマーかーら　　（鏡）カガミかーら
　　C　　　　　　　　　（砂糖）サータから　　（刀）カターナから

　ここでもBグループの名詞は面白い振る舞いをし、その名詞に後続する助詞のカラをカーラのように変化させている。この助詞カーラの第1音節目の母音の長さは、その助詞が本来持っている特徴ではなく、その前にくる名詞が持っているアクセントの特徴が、後ろの助詞に具現化したものである。

このように、琉球列島に分布する「3型アクセント体系」は、それぞれに個性豊かで興味をそそられる。しかし、その研究はまだ十分には進んではいない。

　琉球列島のことばは、古代より前（古事記や日本書紀などの文献が日本語のほうに現れるより前）の時代に、本土の日本語と分かれて独自の発展を遂げて、今日のような姿に至ったと考えられている。つまり、日本語とはちょうど「姉妹」のような関係にある言語である。

　残念ながら琉球語話者の人口は、（標準語の普及とは反比例して）近年、急速な勢いで減少の一途をたどっている。日本語の歴史を知るために欠かせないデータを提供することのできる琉球列島のことばは、この章で述べたように、アクセントの現象をはじめとした、言語学的に見ても興味深い特徴を数多く持っている。そのような貴重な言語が、十分な記録や分析が成されないままに、今、まさに消滅しかけているのだ。

読書案内●（さらに知りたい人のために）

広戸惇・大原孝道（1953）『山陰地方のアクセント』　報光社
　（隠岐島の3型アクセント体系についての詳しい情報が得られる。隠岐諸島内の集落のアクセントがそれぞれ個性あることがよくわかる。古い本だが貴重な価値を持つ名著。）

第6章／練習問題

1. 隠岐島のアクセント型を推理する

　次の（1）～（12）は、本章で扱った隠岐島五箇方言のアクセント型である。本文を読んで、各アクセント単位の最初の名詞は、A型、B型、C型のうちのどれに属すものか、推理して分類してみよう。

（1）鼻　ハナからまで　　（2）花　ハナにまで
（3）橋　ハシにも　　　　（4）桶　オケからまで
（5）猿　サルからも　　　（6）箸　ハシからまで
（7）子ども　コドモからも　（8）卵　タマゴからまで
（9）油　アブラにまで　　（10）鏡　カガミからまで

(11) 親子　オ̄ヤコまでも　　(12) 大人　オ̄トナからも

2. 隠岐島五箇方言のピッチパターンを推理する

　次の4拍以上のいろいろな名詞は、五箇方言では、左端に示された3つの型に属している。

　A型：カミナリ（雷）、ナガイキ（長生き）、シオヅケ（塩漬け）
　　　　タマゴヤキ（卵焼き）、コムギイロ（小麦色）
　B型：ウグイス（鶯）、ナデシコ（撫子）、サザンカ（山茶花）、
　　　　ウルウドシ（閏年）、ジョガクセイ（女学生）
　C型：フロシキ（風呂敷）、テヌグイ（手拭）、カタマリ（塊）、
　　　　ワスレモノ（忘れ物）、モメンイト（木綿糸）

　この情報をもとにして、(1)〜(15)が、次のア、イ、ウのうちの、どのアクセント型で出現するか、考えてみよう。

　ア．○̄○○○̄○○　　イ．○̄○○○○○　　ウ．○○○○○̄○

(1) カミナリまで　　(2) ウグイスにも　　(3) タマゴヤキも
(4) フロシキから　　(5) ウルウドシが　　(6) テヌグイにも
(7) ナデシコにも　　(8) コムギイロに　　(9) シオヅケから
(10) モメンイトも　　(11) カタマリから　　(12) ワスレモノが
(13) サザンカまで　　(14) ジョガクセイに　(15) ナガイキまで

第6章　3型アクセント—隠岐島の方言

第7章 アクセントの単位

ポイント解説 アクセント体系を明らかにするためには、音を数える単位やアクセントを担う単位が拍(はく)であるか音節であるかを明らかにする必要がある。東京方言は、数える単位は拍だが担う単位は音節、京都方言は、数える単位も担う単位も拍、鹿児島方言は、数える単位も担う単位も音節という特徴をそれぞれ持っている。

Keyword ▶拍、音節、数える単位、特殊拍、撥音、促音、長音、二重母音、担う単位、母音の無声化

基本編

7.1 拍(モーラ)と音節(シラブル)

どの方言でも、アクセント体系を明らかにするためには、まず、その方言で音をどのように数えるか、ということを明らかにしなければならない。

たとえば第2章では、東京方言のアクセント体系が、1拍名詞に2つの型、2拍名詞に3つの型、3拍名詞に4つの型を持つ、つまり、n拍名詞にn+1個の型を持つ「n+1型体系」であることを見てきた。また第5章では、鹿児島方言のアクセントが、語の長さにかかわらず、後ろから2音節目が高く、最後の音節が下がるA型と、最後の1音節だけが高いB型の2つの型を持つ「2型アクセント体系」であることを、第6章では、隠岐島五箇(ごか)方言のアクセントが、第1拍と第4拍が高いA、第2拍が高いB、第1拍が高いCの3つの型からなる「3型(にけい)アクセント体系」であることを見てきた。

このように、ある方言のアクセント体系を記述するときには、n拍(またはn音節)の長さに対していくつの型があるか、上昇や下降が前から数えて(あるいは後ろから数えて)いくつ目にあるか、といった方法でアクセントを整理するのがふつうである。したがって、その方言で「音をどのように数えるか」が決まらないと、アクセント体系も整理することができないのである。

では、音はどのようにして数えるのだろうか。すでに、ここまで「拍（または音節）」のような表現を用いてきたことからもわかるように、音の数え方には、大きく分けて、拍で数える方式と音節で数える方式の2通りがある。

　まず「拍」とは、おおよそ仮名文字の1つに対応する音の「長さ」の単位のことで、「ハシ（箸）」は2拍、「カラス（烏）」は3拍、「コスモス」は4拍である（第1章を参照）。また、撥音の「ン」や促音の「ッ」、長音の「ー」も1拍と数える。したがって、「プレゼント」という語は「プ.レ.ゼ.ン.ト」のように5拍に、「高等学校」という語は「コ.ー.ト.ー.ガ.ッ.コ.ー」のように8拍に数えることになる。ただし、「仮名文字1つ＝1拍」には例外がある。「きゃ、きゅ、きょ、ファ、フェ、フォ、ティ」などの拗音や外来音の表記に使われる小さな文字「ゃ、ゅ、ょ、ァ、ェ、ォ、ィ」がそうで、これらは1拍とは数えず、「きゃ」「きゅ」「きょ」「ファ」「フェ」「フォ」「ティ」でそれぞれ1拍と数える。たとえば、「おきゃく（お客）」や「ティッシュ」は「お.きゃ.く」、「ティ.ッ.シュ」のように3拍に区切ることになる。

　それに対し「音節」とは、ひとまとまりで発音される最小の単位のことで、たとえば、「プレゼント」は拍で区切ると5拍だが、音節で区切ると「プ.レ.ゼン.ト」のように4音節になり、「高等学校」は拍で区切ると8拍だが、音節で区切ると「コー.トー.ガッ.コー」のように4音節になる。

　音節と拍は、多くの場合一致するが、「プレゼント」や「高等学校」のように、両者が一致しないこともある。一致しないのは、撥音、促音、長音、二重母音が語の中に含まれている場合で、たとえば次の「パンク」「パック」「パーク」「バイク」はいずれも、拍で数えると3拍だが、音節で数えると2音節である。

(1) 音節による数え方と拍による数え方

　　　　　　　　［拍で数えた場合］　　［音節で数えた場合］
　パンク：　　　パ.ン.ク（3拍）　　　　パン.ク（2音節）

第7章　アクセントの単位

二重母音　　シラヌ̄イカイ（不知火海）　　カイカ̄イシキ（開会式）

　このように、東京方言では特殊拍の後ろにピッチの下降が出現することはない（つまり、「×ニホ̄ンカイ、×チチュ̄ーカイ」〈×は実際には現れない型であることを表す〉のようにはならない。二重母音の後部母音イに関しては、「シラヌイ̄カイ」と発音されることもある）。

（p.104 のコラムも参照）

　また東京方言では、外来語は原則として −3型 になるという規則がある（第9章を参照）。しかし、そこが特殊拍のときには、やはりピッチの下降が、特殊拍の直後ではなく、その直前に現れる。次の例を見てみよう。

(5) **外来語のアクセント（東京方言）**

−3拍目	4拍語	5拍語	6拍語
CV	スト̄レス	ランド̄セル	アカデ̄ミズム
撥音	ロ̄ンドン	ワシ̄ントン	バドミ̄ントン
長音	サ̄ーカス	クリ̄ーナー	エレベ̄ーター
二重母音	サ̄イダー	ブロ̄イラー	アルバ̄イター

　ここからも、東京方言では特殊拍の後ろにピッチの下降が出現しないことがわかる（つまり、「×ロン̄ドン、×サー̄カス、×サイ̄ダー」のようにはならない）。

　以上のような現象は、次のように考えることができる。すなわち、東京方言では、複合語や外来語のアクセント規則を適用する場合に、<u>数える</u>ときには「拍」で数え、後ろから3拍目にアクセントを置くが、アクセントを<u>担う</u>ときには「音節」がアクセント核を担う。

　後ろから3拍目が特殊拍の「ニホ̄ンカイ」や「ロ̄ンドン」のような語では、特殊拍を含む音節全体（「ホン」や「ロン」など）がアクセント核を担うことになるので、ピッチの下がり目は特殊拍の直後ではなく、音節主母音（音節の中心となる母音）の直後、つまり特殊拍の直前に置かれ、「ニホ̄ンカイ、ロ̄ンドン」のようになる。これを示したのが (6) である。

(6) 数える単位とアクセントを担う単位（東京方言）

	複合語（後部2拍）	外来語
〈単語〉	「日本海」	「ロンドン」
〈拍で数える〉	ニ．ホ．ン．カ．イ	ロ．ン．ド．ン
〈後ろから数えて3拍目に核を置く〉	ニ．ホﾞ．ン．カ．イ	ロ．ンﾞ．ド．ン
〈音節が核を担う〉	ニ ホンﾞ カイ	ロンﾞ ドン
〈音節主母音の直後で下降〉	ニホンカイ	ロンドン

（「ﾞ」はアクセント核を、「____」は核が置かれた音節を表す）

担う単位が拍であっても、母音が無声化している場合は直後にピッチの下がり目を置きにくいという性質がある。母音の無声化とは、母音が前後を無声子音に挟まれるなどの環境にあるときに、無声子音の影響を受けて、本来なら有声音で発音されるはずの母音が無声音で発音されることを言う。(7) はその例である（第13章を参照）。

(7) 母音の無声化とアクセント（東京方言）

人力車　ジンリキﾞシャ　→　ジンリキシャ～ジンリキシャ
合格者　ゴーカクﾞシャ　→　ゴーカクシャ～ゴーカクシャ
光熱費　コーネツﾞヒ　→　コーネツヒ～コーネツヒ

（ ｡ は母音が無声化していることを表す）

キ、ク、ツの母音が無声化しない場合には、その直後に下降が置かれるが、母音が無声化する場合には、その直前に下降がずれている。

7.3　拍の方言—京都方言

東京方言が「拍」で数えて「音節」でアクセントを担うというシステムを持っているのに対し、京都方言は、数える単位もアクセントを担う単位も「拍」である。たとえば、京都方言では、(8) の例のように、特殊拍の直後にピッチの下降がくることがよくある。また、(9) の例のように、特殊拍だけが高く発音されることもある。これらのことから、京都方言は典

型的な「拍方言」と言ってよいだろう。

(8) 特殊拍の直後にピッチの下降がくる語（京都方言）
　　撥音：ウン̄チン（運賃）　エン̄ブン（塩分）　オン̄ドリ（雄鳥）
　　長音：オー̄カゼ（大風）　ウルー̄ドシ（閏年）　ジュー̄ギョー（十行）
　　二重母音：カイ̄ヌシ（飼い主）　キョー̄カイセン（境界線）

(9) 特殊拍だけが高く発音される語（京都方言）
　　撥音：イン̄ド　エン̄ダン（縁談）　サン̄カイ（三回）
　　長音：チュー̄カ（中華）　チュー̄オー（中央）　ショー̄ジン（精進）
　　二重母音：カイ̄ケー（会計）　サイ̄チュー（最中）　ダイ̄キン（代金）

7.4　音節の方言―鹿児島方言

　これに対して第5章で見た鹿児島方言は、数える単位も担う単位も「音節」である。(10)の鹿児島方言の語例を見てみよう。(a)〜(c)はA型の例で、(a)は最後が特殊拍の語、(b)は後ろから2つ目が特殊拍の語、(c)は最後と最後から3つ目が特殊拍の語、(d)はB型の例である。

(10) 音節とアクセント（鹿児島方言）
　(a)　A型：ソロ̄バン（算盤）　トモ̄ダッ（友達）　テツ̄ボー（鉄棒）
　　　　　　アキ̄マツイ（秋祭り）
　(b)　A型：アク̄セント　アクロ̄バット　パラ̄シュート　アル̄バイト
　(c)　A型：ロン̄ドン　ワシン̄トン　バドミン̄トン　クリー̄ナー
　　　　　　エレ̄ベーター
　(d)　B型：カン̄バン（看板）　ガイ̄コッ（外国）　アイ̄ボー（相棒）
　　　　　　ハルマ̄ツイ（春祭り）

　鹿児島方言のA型は、後ろから2つ目が高く、最後の1つが下がるという特徴を持っている（第5章を参照）。上の(a)、(b)、(c)では、特殊拍を含む音節全体が1つとカウントされ、また、特殊拍を含む音節

全体が高のピッチを担っていることがわかる。つまり、「ソ.ロ.バン」、「ア.ク.セン.ト」、「ロン.ドン」のように、まず音節で区切り、その音節を単位にして後ろから2つ目を数えて、そこにピッチの山が置かれているのである。

また、鹿児島方言のB型は最後の1つだけが高いという特徴を持つ（第5章を参照）。(d) のB型の語例を見ると、「最後が1つだけ高い」という特徴も、音節で数え、音節が担っていることがわかる。鹿児島方言では、「×カンバン ̄、×アイボー ̄」のように、最後の1拍だけが高くなることはない。

鹿児島方言は典型的な「音節方言」と言ってよいだろう。京都方言が典型的な「拍方言」であるのと対照的である。

発展編

7.5 「拍方言」か「音節方言」かの判断―長崎方言を例として

鹿児島方言は典型的な「音節方言」だが、同じ西南部九州2型アクセントでも、長崎方言は「拍方言」である。では「拍方言」か「音節方言」かは、どうやって見分けるのだろうか。ここでは長崎方言を例にとって、考えてみることにしよう。

まず、長崎方言のアクセント体系は、A型が最初から数えて2つ目まで高く、3つ目から下がる型（全体が2つの場合は、1つ目が高く2つ目が下がる型）、B型が平らな音調が続く型、という2つの型からなる「2型アクセント体系」を持つ（第5章を参照）。その数える単位、担う単位が、拍か音節かを見極めるためには、ピッチがどこで変動するかを見なければならない。したがって長崎方言では、平らな音調が続くB型は観察の対象としては不適当で、もっぱらA型の語を使って、音節か拍かを考えることになる。

次に、どのような語を観察するかだが、これまで見てきたように、拍か音節かの決め手は、特殊拍がアクセント上、どのようなふるまいをするかにある。これらの音は、和語よりも漢語や外来語に多く出現するの

で、語例も漢語や外来語から多く拾うことになる。
　ここでは外来語を使って、長崎方言が「拍方言」であることを見てみよう。(11)は前から2拍目に特殊拍を持つ外来語の例である（用例は坂口（2001）による）。

(11)　前から2拍目に特殊拍を持つ外来語のアクセント（長崎方言）
　撥音：サンダル、チャンネル、トンネル、ハンカチ、ハンドル、インディアン、ワンピース
　長音：サーカス、サービス、テーブル、ドーナツ、ボーナス、ソーセージ、チューリップ、マーケット、ヨーグルト
　二重母音：フイルム、ワイシャツ、サイクリング

　(11)では、すべての例で最初から数えて2拍目（特殊拍）の直後にピッチの下がり目が来ている。このことから、長崎方言は数える単位もアクセントを担う単位も拍である、つまり「拍方言」と言えそうだ。このことをさらに確実にするために、長崎方言が「音節方言」ではないということを確かめてみよう。
　いま仮に、長崎方言が「音節方言」だと仮定して、上の語を音節で数えてアクセントを付けてみると、「サンダル」「サーカス」「フイルム」は「サン.ダ.ル」「サー.カ.ス」「フイ.ル.ム」と切ることになるので、ピッチ型は「サンダル」「サーカス」「フイルム」のようになるはずである。しかし、これは(11)にあげた実際のピッチ型と一致しない。(11)の他の語についても、仮に音節で数えてアクセントを付けたとすると、(12)に示すように、実際のピッチ型とは異なるピッチ型になってしまう。

(12)　長崎方言が「音節方言」であると仮定した場合の外来語のアクセント
　撥音：×サンダル、×チャンネル、×トンネル、×ハンカチ、×ハンドル、×インディアン、×ワンピース
　長音：×サーカス、×サービス、×テーブル、×ドーナツ、×ボーナス、×ソーセージ、×チューリップ、×マーケット、×ヨーグルト
　二重母音：×フイルム、×ワイシャツ、×サイクリング

また、語頭から数えて3拍目に特殊拍が現れる「オレンジ」「クリーム」「スタイル」のような語は、(13)のようなアクセントになる。(　)内は音節で数えた場合に想定されるアクセントだが、いずれの例でも、音節で数えた場合には、実際のアクセントとは異なるピッチ型が形成されてしまう。これも、長崎方言が「拍方言」であることの証拠になる。

(13) 語頭から3拍目に特殊拍を持つ外来語のアクセント（長崎方言）
　　撥音の場合：オレンジ（×オレンジ）、スタンド（×スタンド）、スポンジ（×スポンジ）
　　長音の場合：クリーム（×クリーム）、スケート（×スケート）、ストーブ（×ストーブ）
　　二重母音の場合：スタイル（×スタイル）、デザイン（×デザイン）

　以上のことから、長崎方言は拍で数えて、拍でアクセントを担う「拍方言」であるということになる。
　これまで見てきたことをまとめると、(14)のようになる。京都方言と長崎方言は「拍方言」だが、鹿児島方言は典型的な「音節方言」である。これに対して東京方言は、数える単位は拍だが、担う単位は音節である。

(14) アクセントから見た諸方言の単位の違い

	[数える単位]	[アクセントを担う単位]
東京方言	「拍」	「音節」
京都方言（拍方言）	「拍」	「拍」
鹿児島方言（音節方言）	「音節」	「音節」
長崎方言（拍方言）	「拍」	「拍」

　数える単位や担う単位が拍か音節かを判断する際の決め手は、特殊拍が、アクセント上どのようなふるまいをするかにある。
　諸方言のアクセント体系を明らかにするためには、各方言で音をどのように数えるかをまず明らかにしなければならないが、以上述べてきたように、アクセントを「数える」単位と「担う」単位という2つの観点

から見た場合、日本語の諸方言にはさまざまなタイプのものがあることがわかった。

> **Column.1　「乗車券」と「特急券」のアクセント**
>
> 　「券」で終わる語「乗車券、図書券、整理券、定期券、ランチ券、お食事券」は、すべて○○○‒ケンのように「券」の直前に下がり目が現れる（ジョーシャ‒ケン、トショ‒ケン…）。東京の複合語アクセント規則によれば、「券」の直前にアクセント核が置かれるのが原則である（詳しくは第10章を参照）。ところが「商品券、クーポン券、回数券、周遊券、入場券、特急券」の下がり目は「ショーヒン‒ケン、カイスー‒ケン…」のように、その「券」の直前の拍ではなく、さらに1つ前の拍に現れる。これは、核の置かれた拍がたまたま「特殊拍」だったために起こったものだ。同じことが「費」や「者」で終わる語についても言える。これらも原則的には、カイギ‒ヒ（会議費）、コーホ‒シャ（候補者）のように「費」や「者」の直前に核が置かれるのだが、そこが特殊拍のときは「ジンケン‒ヒ（人件費）」のように下がり目がさらに1つ前にずれる。次の語でも検討してみよう。
>
> 　　維持費、修理費、軍事費／人件費、交通費、研究費、交際費、町会費
> 　　保護者、当事者、容疑者／責任者、有権者、初心者、司会者、被害者、失業者、
> 　　　　　　　　　　　　　　視聴者、指導者、労働者、配偶者、犠牲者、経営者

読書案内●（さらに知りたい人のために）

早田輝洋（1999）『音調のタイポロジー』　大修館書店
　（音調現象を、アクセント（どこで下降するかなどの位置に関する要素）とトーン（全体にかぶさる音調の種類）の2つの考え方から捉え直したもの。第3章に東京方言のアクセントの担い手が拍か音節かについての分析がある。）

上野善道（1993）「日本語の音節とアクセント」（至文堂『国文学　解釈と鑑賞』58-1)
　（本章の立場とは異なり、東京方言の核の担い手は「モーラ」であるということについて、いろいろな例を引きながら解説したもの。）

第7章／練習問題

1. 拍と音節の数え方

    次の語は、拍で数えると何拍になるだろうか。また、音節で数えると何音節になるだろうか。（　）の中に数字を入れてみよう。

    (1) サンビャクエン（三百円）　（　　　拍　）（　　　音節　）
    (2) オリエンテーション　　　　（　　　拍　）（　　　音節　）
    (3) ドライアイス　　　　　　　（　　　拍　）（　　　音節　）
    (4) ハネムーン　　　　　　　　（　　　拍　）（　　　音節　）
    (5) オートマティック　　　　　（　　　拍　）（　　　音節　）

    ヒント☞ 本章の7.1を参考にしよう。

2. 特殊拍を含む語のアクセント

    次のアクセント例のうち、東京方言のアクセントとして、おかしなアクセントはどれか。また、鹿児島方言のアクセントとして、おかしなアクセントはどれか。方言ごとに、すべてあげてみよう。

    アクセント例
    (a) ロダンテン（ロダン展）　(b) エッシャーテン（エッシャー展）
    (c) スペインテン（スペイン展）　(d) ガーナテン（ガーナ展）
    (e) パラグアイテン（パラグアイ展）　(f) ベルギーテン（ベルギー展）

    (1) 東京方言　　（　　　　　　　　　　　　　　　）
    (2) 鹿児島方言　（　　　　　　　　　　　　　　　）

    ヒント☞ 東京方言の「〜展」は -3型 の複合名詞をつくる。鹿児島方言では、上の語はいずれもA型のアクセントである。

第8章 声調のある方言

ポイント解説 東京アクセントでは、下がり目の位置（核）だけが弁別的であった。それに対して近畿を中心とする方言の多くでは、下がり目の位置（核）だけでなく、文節全体にわたってピッチ曲線がどのような形を描くかも弁別的である。このような情報を、「式」あるいは「声調」と言う。

Keyword ▶ 声調、語声調、式、単語声調、平進式、上昇式、拍内下降、下降式、不下降式、句音調

基本編

8.1 京都アクセントの「式」とはどのようなものか

　東京アクセントは「核」の位置、つまりどこでピッチが急激に下がるか、という情報だけが弁別的だった（第2章参照）。これに対して、京都や大阪など、近畿地方を中心にした地域には、「核」とともに、各単語の「声調」（つまり、語全体がどのような形のピッチ曲線を描くか）が弁別的に働いているアクセント体系が分布している。

　中国語などの声調は、原則として音節を単位として、それに声調がかぶさる。これに対して日本語では、（どんなに長い語であっても）単語全体（あるいは語に助詞が付いてできた1つの固まり。これを以下、文節と呼ぶ）が単位となって、それ全体に声調がかぶさる。

　このような違いがあるため、日本語のような声調を「語声調」（あるいは「単語声調」）と呼んで、中国語のような声調と区別することがある。また中国語のような声調と区別するために、日本語の声調に「式」という名称を用いたりする。

　以下、このテキストでは、「式」という用語を使って説明していくことにしよう。

　日本語諸方言の式には、さまざまなタイプのものがある。まず京都アクセントを例にとって見てみよう。(1) の名詞のうち、①のヨゴレモノ（汚れ物）、エンギモノ（縁起物）は、京都では両方とも無核の語である。これに対し

て②のイロガ゛ラス（色ガラス）、マドガ゛ラス（窓ガラス）は、第3拍目のガの部分にアクセントの核（京都でも下がり目が弁別的なので、核の直後でピッチが急激に下降する）が置かれている。最後に、③のリンゴジャ゛ム、イチゴジャ゛ムでは、第4拍目のジャの部分に核が置かれている。

(1) 京都方言の2種類のピッチパターン

	a	b	[核の情報]
①	ヨゴレモノ(汚れ物)	エンギモノ(縁起物)	無核
②	イロガラス(色ガラス)	マドガラス(窓ガラス)	ガに核
③	リンゴジャム(林檎ジャム)	イチゴジャム(苺ジャム)	ジャに核

　それぞれの行のa列とb列の単語は、その核に関する情報はまったく同じである。しかしa列とb列は、単語の初めから核のある拍まで（核がなければ語末まで）のピッチ曲線の描く型、つまり音調の型が違っている。この音調型が「式」と呼ばれるものである。
　a列の式は「平進式」、b列の式は「上昇式」と呼ばれている。
　平進式は、「高く始まる」ことが原則である。そして、有核（ゆうかく）の語ではその核のある拍まで、無核の語では文節の末尾までが、ヨゴレモノ、イロガ（ラス）、リンゴジャ（ム）のように、高く平らに続く。
　これに対し上昇式は、「低く始まる」という特徴を持つ。そしてその低いピッチが連続し、核のある拍（無核語では語末拍）の直前で、エンギモノ、マドガ（ラス）、イチゴジャ（ム）のように大幅に上昇する。核の位置でいったん下がってからは、「低く平ら」な音調が最後まで持続する。
　この京都方言の2種類の式の違いは、次のように、それぞれの単語の前にコノ（平進式無核）を付けてみると、はっきりと見えてくる。

(2) 京都方言の2つの式の違い—コノを前に付けた場合

	a（平進式）	b（上昇式）
①	コノヨゴレモノ	コノエンギモノ
②	コノイロガラス	コノマドガラス
③	コノリンゴジャム	コノイチゴジャム

平進式の名詞は、(たとえば<u>コノヨゴレモノ</u>のように) コノが前についても高く始まることに変わりがない。これに対して、上昇式の名詞の場合は、(<u>コノエンギモノ</u>のように) コノの直後で急激に下がって、その名詞自体はかならず低く始まる、という性質を維持する。

このような開始部分の持つ特徴に注目して、この「平進式」、「上昇式」をそれぞれ「高起式」「低起式」と呼ぶことも多い。しかし、諸方言の中には、かならずしも「開始部分」の特徴だけでは区別することができないような式の対立を持つものが多い（この章の発展編では、京都以外の方言の式を扱うので、それも参照）。

日本語諸方言の式全体を視野に入れる場合は、「ピッチ曲線全体がどのような形を描くか」という基準で分類するほうがわかりやすい。そのため京都方言の2つの式の名称も、その基準に合わせ、ここでは「平進式」、「上昇式」のほうを使っていくことにしよう。

このような式の持つピッチパターンの違いは、本来、それぞれの単語が持っている特徴なので、原則的に、前後の言葉や感情などのイントネーションによって消滅したりすることがなく、一貫して保たれる。

8.2 京都方言の名詞のアクセント型の一覧表

京都方言のアクセントでは、核（下がり目の位置）に加えて2種類の「式」が弁別的である。そのため、アクセント型の数は東京のおよそ2倍になるはずである。

このことを頭に入れながら、京都方言の1〜4拍語の型の一覧表を、その代表的な所属語彙とともに見てみよう。

(3) は、各アクセント型を、それぞれの代表的な所属語に主格の助詞ガを付けて言い切ったときの音調とともに、表に示したものである。以下、平進式をH、上昇式をLという記号で略し、核の有無と語頭から数えた位置を、0、1、2、3…（0は無核、1、2、3…は有核）と表示することにする。また、×で示されている部分は、その式で発音される単語が存在しない、という意味である（以下の◯という記号は、低く始まって内部で急な上昇がある拍を示す）。

(3) 京都方言の1〜4拍語のアクセント型

［1拍語］（1拍語はやや長く発音されることが多い）
- H0　トーガ　　　（戸が）　　L0　メーガ　　　（目が）
- H1　ハーガ　　　（歯が）　　L1　○○ガ　　　×

［2拍語］
- H0　ミズガ　　　（水が）　　L0　フネガ　　　（舟が）
- H1　ヤマガ　　　（山が）　　L1　○○ガ　　　×
- H2　○○ガ　　　×　　　　　L2　サルガ　　　（猿が）

［3拍語］
- H0　コドモガ　　（子どもが）　L0　スズメガ　　（雀が）
- H1　イノチガ　　（命が）　　L1　○○○ガ　　×
- H2　キミラガ　　（君らが）　　L2　ハタケガ　　（畑が）
- H3　○○○ガ　　×　　　　　L3　○○○ガ　　×

［4拍語］
- H0　アメリカガ　（アメリカが）　L0　オハナシガ　（お話しが）
- H1　コスモスガ　（コスモスが）　L1　○○○○ガ　×
- H2　キミタチガ　（君たちが）　　L2　タチバナガ　（橘が）
- H3　アヤベシガ　（綾部市が）　　L3　サンサロガ　（三叉路が）
- H4　○○○○ガ　×　　　　　　L4　○○○○ガ　×

　このアクセント型の一覧は、一見、複雑に見えるが、整理してみると次のようなことがわかってくる。

・欠けている部分から、一定の傾向が見えてくる

　(3)の中の「×」で示された型は、理論的にはあり得る型なのだが、実際には所属語彙がまったく存在しないか、ごくわずかのものである。
　まず、L1の型で出現する語は、1〜4拍語すべての拍数において語例が存在しないことに気づく。おそらくこれは、対立するH1との区別が付けにくいためであろう。
　たとえば、「○」は低く始まって拍の中で急激に上昇する音調で、「メー。（目）」を1拍に縮めたような音調を示す。しかし京都方言では、このよう

第8章　声調のある方言

な音調を内部に持つ型の語例は存在しない（この音調型は平安時代の京都方言には存在していたことがわかっているが、現代の京都方言では消滅してしまった）。

さらに、語末に核がある型（各拍数の最下段の H4、L4、H3、L3、H2 など）にも、所属語彙がない（あってもごく少ない）。ただし、例外的に 2 拍語の L2 の型には、「雨、猿、鍋、春」など比較的多くの語が所属している。

・型の数は、東京の 2 倍より少し少ない

東京方言の名詞には、n 拍に n＋1 個のアクセント型がある（第 2 章参照）。京都方言では、東京と同じ「核」に加えて「式」の対立があるので、理論的には、東京方言の倍の 2（n＋1）＝ 2n＋2 個の型が存在することが予想される。

しかし実際には、上記の「×」の部分（つまり L1 と、語末核の型）は語例が存在しないので、その分を差し引かなければならない。したがって京都方言には、2n＋2－3 ＝ 2n－1 個のアクセント型の数が存在する、ということになる。つまり、3 拍語なら 5 種類、4 拍語なら 7 種類、5 拍語なら 9 種類の型が存在することが予想される。

ただし 1 拍語と 2 拍語は、この予測どおりにはならない。予想だと、1 拍語は 1 種類、2 拍語は 3 種類の型しか持たないことになってしまうが、実際はそれより型の数が多くなっている。これは、(3) を見るとわかる。

8.3　京都方言のアクセントの特徴

また京都方言には、(3) からはわからない、次のような特徴もある。

・複雑な L0 の音調

L0（上昇式無核）の音調は、後ろに何が続くかによっていろいろと変化する。まずは「スズメ」という単語を使って、具体例を見てみよう（以下、言い切り形を「。」で示す）。

(4) 京都方言の L0 の音調

スズメ￣。
スズメガ￣。
スズメ￣オ　カウ￣（飼）。　　　　スズメ￣　カウ￣（飼）。
スズメオ　￣カワイガル￣。　　　　スズメ￣　￣カワイガル￣。

　京都方言のスズメは、その単語を単独で言い切ると「スズメ￣。」のように最後の拍が高く上昇する。しかしそれに助詞のガを付けて言い切ると「スズメガ￣。」となって、文節の助詞部分にその上昇部分が移動する。
　また、後ろに別の文節を付けた場合も、その文節の特徴によって「スズメ」から始まる文節部分の音調がいろいろと変わってくる。
　後ろに続く文節が上昇式（例：カウ￣（飼））だと、「スズメ￣オ　カウ￣。」のように、前の文節末の「オ」の部分が高くなる。しかし、それが平進式（例：￣カワイガル）だと、「スズメオ　￣カワイガル￣。」のように、その高い音調が消え、「スズメオ」という文節は低く出現する。
　このように、上昇式無核の「スズメ」から始まる文節では、そのピッチが上昇する部分が、前後の環境によって、移動したり、消滅したりする。このことから、「スズメ」自体にはもともと核はないということがはっきりわかる。核があるならば、その高い部分は一貫して同じ位置に出現するはずだからである。

- **「拍内下降」の出現**

　京都方言では、語末に核を持つ型は、原則として存在しない。
　しかしその唯一の例外である「雨、猿、鍋、春」などの2拍語のL2型には、それを単独で言い切る場合、その語末の拍に「拍内下降」と呼ぶ、高から低への急激な下降が現れることが多い。
　拍内下降とは、スキー￣（ski）のキーを短くして、1拍の長さに縮めたような音調である。この拍内下降を、以下、◯のように下向きの斜線を拍の上に付けて示すことにしよう。京都方言では、語末核型の単語（例：サル（猿））は、助詞を付けなければ、次のように、ほぼ必ず拍内下降が最後の拍に現れる。

第8章　声調のある方言

(5) 京都方言のL2の音調（拍内下降の例）
　　　サル。
　　　サル　カワイガル。
　　　サル　カウ（飼う）。

　ただし、1拍の助詞のガなどを付けると、その拍内下降は消滅し、サルガ（猿が）のように通常の下降になることが多いので、前出の（3）では通常の下降で示してある。しかしこれも、時々、サルガとなって出現することもある。

8.4　関西で進行中の変化―2拍のL2・L0型の世代差

　ところで2拍語のL2型は、京都（そして京都と同じような体系を持つ関西圏）では、現在、その型に変化が生じつつある。それと音調が似ている2拍語のL0型（ハリ（針）、フネ（舟）、などの音調型）を巻き込んで、以下のような変化が徐々に進んでいる。
　まず、L2型の拍内下降が、若い年代層で消滅しつつある。そのため、もとの（6a）が、現在（6b）のように変化しつつある。

(6) 京都方言のL2型に生じつつある変化
　a. L2型の古いアクセント
　　サル。　　サルガ。　　サル　カワイガル。　　サル　カウ（飼う）。

　b. L2型の新しいアクセント
　　サル。　　サルガ。　　サル　カワイガル。　　サル　カウ（飼う）。

　このため若い人たちの発音では、ガなどの助詞を付けなければ、次に示すL0型（「舟」のアクセント）と、同じ音調となってしまう。

(7) 京都方言のL0型の音調
　　　フネ。　　フネガ。　　フネ　モラウ。　　フネ　クル（来る）。

この (7) の変化とほぼ同時進行で、こんどは L0 のほとんどの語が次のように変化していく傾向にある。特に下線部の変化に注目してほしい。

(8) 京都方言の若い層の L0 型の音調
　　　フ<u>ネ</u>。　　　フ<u>ネガ</u>。　　フ<u>ネ</u>　<u>モラウ</u>。　　フ<u>ネ</u>　<u>クル</u>（来る）。

この変化の結果、もとの L0 の型は (6b) に示された L2 の新型と、まったく同じ型になってしまう。つまり京都をはじめとする関西圏では、昔は区別されていた 2 つの型（L2 と L0）が、現在、合流の途上にある。

> **L0 は消滅してしまうのか？**
>
> このように、関西圏では現在、L0 が L2 の新型へと合流していく動向にある。そのような中、もとの L0 型の音調を保存している語も、わずかながら存在する。たとえば、「何、何時」などの疑問詞や、日常よく使う語で語末が特殊拍の語（「芸、糞」）、あるいは共通語で平板型になる一部の語（「儂、お湯」）などがそれである。いずれにしても、関西の若者のアクセントでは、L0 の型の所属語彙はごくわずかしか残されていない。

このような変化が起こったために、現在、関西圏では、L2 の新型 (6b) が、その所属語彙を大幅に増やしつつある。これは、主に昭和 40 年代以降の生まれの比較的若い世代を中心に起こっている、進行中の変化である。

8.5　京都方言の動詞・形容詞のアクセント

さて、京都アクセントの名詞の体系は複雑だったが、動詞・形容詞のアクセントの体系は、比較的単純である。

動詞は、原則的に H0 型と L0 型の 2 つだけに限られている。

(9) 京都方言の動詞のアクセント
　　　<u>着</u>る　　<u>吸</u>う　　<u>暮れ</u>る　　<u>はしる</u>（走）　　<u>みだれる</u>（乱）
　　　見<u>る</u>　　飲<u>む</u>　　落ち<u>る</u>　　あ<u>るく</u>（歩）　　か<u>かえる</u>（抱）

形容詞は、原則的に、語末から3拍目（ただし2拍語は語末から2拍目）に核がある、1つの型しかない。

(10) 京都方言の形容詞のアクセント
　　　￣こい（濃）　　　￣あかい（赤）
　　　￣たのしい（楽）　￣おもしろい（面白）

発展編

8.6　京都アクセントの式音調をもう少し詳しく

　ここで京都アクセントの式音調を、もう少し詳しくみよう。
　すでに京都方言の平進式は、「高く始まって、その高い音調が平らに続く」と述べた。しかし平進式無核の￣ヨゴレモノを、音階の「ラ」を使って「ラララララ」のように完全に同じ高さで発音すると、話し言葉の音調としては不自然である。実際には、高く始まり、語頭から語末にかけて、そのピッチが少しずつ下がっていく。また上昇式のほうも、エンギモ￣ノのように、モからノにかけて、いきなり「低」から「高」へ大幅な上昇をするわけではない。実際には、ノの部分で上昇する前の「低」の連続部分においても、わずかずつだがピッチが上昇している。
　平進式無核と上昇式無核のピッチ曲線（機械で測定した、物理的な音の高さ）の模式図を(11)に示す。なだらかな下降や上昇があることがわかる。

(11) 平進式と上昇式の違い（無核の語を例にして）

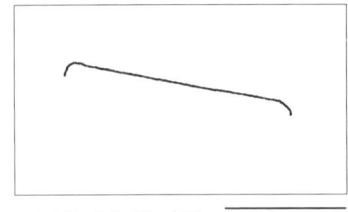

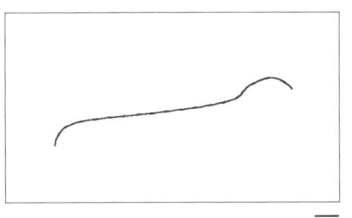

　a. 平進式無核（例：￣ヨゴレモノ）　　b. 上昇式無核（例：エンギモ￣ノ）

この2つの式のピッチ曲線の描く、なだらかな上昇と下降には、京都方言の話し手でも、ふだん気づいていないことも多い。

　京都方言のアクセントでは、このように、「高」と「低」の2段階だけに気を付けていれば、（11）のような細かな高さの動きを無視しても、さして問題は生じない。しかし次節で述べる「下降式」などではそうはいかない。

> **Column 2　歌の旋律と話し言葉の音調**
>
> 　話し言葉のアクセントに近い旋律を持つとされる俚謡(りよう)では（11）に示されたような、ゆるやかな下降や上昇は表現されない。たとえば、下の歌詞を自然な話し言葉で発音すれば、「フル　バンニ」の、フル（LO）のルはフより少し高くなり、また、バンニ（HO）のほうは、少しずつ音が下がっていく。しかし歌では、これを単純化して、「高」と「低」の2段階の高さ—つまり「高」の部分は「ラ」、「低」の部分は「ソ」の音程—で歌うことが多い。
>
> 　　アメノ　ショボショボ　フル　バンニ
> 　　ソラソ　ラ　ソラ　ソ　ソソ　ラララ
>
> 　　マメダガ　トックリ　モッテ　サケ　カイニ
> 　　ソソソソ　ラーソソ　ソーソ　ララ　ラララ
>
> 　「雨のしょぼしょぼ降る晩に、豆狸が徳利持って酒買いに」
>
> 　こういった歌は、普通の話し言葉とほとんど変わらないようなメロディーで唱えることもある一方、完全に音楽的な旋律にのっている場合もある。また両者の中間的なものもある。このように俚謡には、いろいろなバージョンが連続的に存在する。

8.7　さまざまな式の音調—諸方言による式の違い

　諸方言の式の研究が進んだのは比較的最近で、まだ明らかになっていないことも多い。ここでは、これまで日本語の諸方言に報告された式のうちの、主要なものだけに絞って見てみることにしよう。

これまでに諸方言に観察されてきた式の主なものをまとめると、(12)のようになる。これはあくまでも概要を説明するための便宜的な分類で、実際には各分類の中に複数の変種が含まれたり、その分類間の中間的な式があったりもする（コラム4参照）。

Column 3　アクセントを知る資料としての歌の旋律

コラム2では京都方言の話し言葉に近い旋律を持つ俚謡を紹介したが、日本の伝統的な歌曲には古来こういったものが多くある。たとえば、声明・平曲・謡曲・浄瑠璃などである。そのため、これらの譜本は、アクセント資料としても有用で、特に近世以前のものは、過去の京阪アクセント復元のための重要な資料となっている。声明・平曲・謡曲・浄瑠璃などの譜本には、①話し言葉の音調に同じか近い部分、②完全に音楽的な部分、③両者の中間的な連続体の部分、などが含まれる。そして、①と、③の一部が、アクセント復元のための資料となる。

明治以降の西洋音楽でも、東京アクセントを生かした歌曲が一定量つくられた。山田耕筰をはじめ、かなりの作曲家がこの試みを行っているが、西洋音楽はしくみが異なるため、現実のアクセントの歌曲への反映は、かなり少数の曲のみに限られている。

(12) 諸方言のさまざまな式
①**平進式**

上述の京都アクセントの平進式が代表であるが、これと同じように、比較的高く始まって、語句の終わりにかけてゆるやかにピッチが下降していくような型を「平進式」と呼んでいる。これは近畿のかなり広い地域と、徳島や高知など四国に分布している。

②**下降式**

京都の平進式と同じように、語句の開始部分からゆるやかに下降するのだが、その下降の度合いが京都の平進式の場合より大きいタイプの式がある。このような式を、「下降式」と呼んでいる。

下降式は、香川県の丸亀市、仲多度郡多度津町、観音寺市や、愛媛県の四国中央市（旧川之江市や伊予三島市など）、石川県白山市白峰（県南端の山間部にある）などに、これまでに報告されている。方言ごとに

多少、音調の実態が違うが、第2拍目と第3拍目の間に中程度の下降（核による下降より小さい）が聞こえる、という場合が多い。

たとえば香川県観音寺市伊吹島（いぶきじま）（煮干しの産地として有名な瀬戸内の小島）では、下降式無核の「カタクリコ（片栗粉）」は、高く始まってタとクの間に中程度の下降があり、その後はなだらかに下がっていくような音調型を持つ（(15a)を参照）。

③不下降式

「不下降式」とは、「平進式」と同じように比較的高めに開始するが、平進式とは違って、ピッチのゆるやかな下降がまったく観察されないか、その下降の度合いがはるかに小さいものを示す。主として、上記の伊吹島に分布している（(15b)を参照）。

たとえば、伊吹島の不下降式無核のオクリモノ（贈り物）は、高く始まり、そのピッチが、文節の最後までほぼ同じ高さに維持されるような音調型を持つ。京都方言の平進式とは異なり、内部に下降がほとんど観察されないことが特徴的である。単語全体を同じ音程で歌うように(例：ラララララ)発音すると、この音調に比較的近いものとなる（一方、京都方言の平進式（上記①）を、もし「ララララ」のように同じ音程を維持して発音すると、それはまるで歌の旋律のようになってしまい、京都の話し言葉の自然な音調からは逸脱したものとなってしまう）。

④上昇式（遅上がりタイプ）

京都アクセントの上昇式を代表とする、低く始まって、語句末にかけてピッチがだんだんと上昇していくような型を、「上昇式」と呼んでいる。このうち、上述の京都アクセントと同じか、それに類似したものを「上昇式（遅上がりタイプ）」と言う。これは、近畿中央部に広く分布している他、伊吹島でも観察されている（(15c)を参照）。

⑤上昇式（早上がりタイプ）

京都方言の上昇式と同じように低く始まるのだが、京都と違って、大きく上昇する場所が第1拍と第2拍の間にあるものを「上昇式（早上がりタイプ）」と呼んでいる。高知県の大部分の地域や和歌山県中部の旧田辺市（現在の田辺市の一部）などに分布している。

> ## 式の音調の連続性
>
> ここで便宜的にいくつかのタイプに分類した「式」は、実際には連続体であって、このようにいくつかのカテゴリーに分けるのが難しい場合もたくさんある。
>
> ここで紹介した式音調は、そのピッチ曲線の描く方向が「下降か、上昇か」をもとにして分類し、さらに「その下降〜上昇の程度がどのくらい強いか」という基準によって、一直線上に位置付けて見ることができる。そうすると、以下のように図式化できる。
>
> 諸方言の式音調のピッチの下降・上昇の度合い
> 下降 ←――――――――――――――――→ 上昇
> ②下降式　①平進式　③不下降式　　④⑤上昇式の諸変種

　④と⑤の2種類の上昇式の違いは、京都方言と高知方言の上昇式を例にとって比較してみるとわかりやすい。

　同じ上昇式を持っていても、京都と高知のそれは少し異なっている。次の(13)は、高知と京都の両方において上昇式を持つ語のピッチパターンを示す。両者を比較してみよう。

(13) 高知と京都の上昇式の違い

高知	京都	
オハナシ	オハナシ	「お話」
タチバナ	タチバナ	「橘」
サンサロ	サンサロ	「三叉路」
エンギモノ	エンギモノ	「縁起物」
コノエンギモノ	コノエンギモノ	「この縁起物」

　高知も、京都も、「低く始まる」という特徴については共通している。しかし高知では、大幅な上昇の位置が比較的早めに(第1拍目と第2拍目の間に)出現している。これに対して京都では、各語の末尾だけが上昇している。つまり、高知の上昇式は「早上がり」タイプなのに対して、京都のそれは「遅上がり」タイプ、という違いがある。

Column.5 **式の音調と句音調の違い**

高知の上昇式は、場合によっては、東京方言の句音調の出現した場合のピッチパターンにそっくりに聞こえることがある。

たとえば、「お話」という単語は、高知では上昇式無核（L0）であるが、東京では無核（平板型）である。その単語単独の発音ではどちらの方言でも「オハナシ（お話）」となり、両者のピッチの型はよく似ている。

しかしこの2つの方言の「お話」が、まったく性質の違うものであることは、両方の方言でその前にコノを付けてみると、はっきりとわかる。

	[単語単独]	[コノ〜]
高知	オハナシ	コノオハナシ
東京	オハナシ	コノオハナシ

高知では、コノを前に付けても、「コノオハナシ」のように、「お話」の第1拍目はあくまでも低く始まる。ところが東京では、「コノオハナシ」となって、「お話」の出だし部分の低い音調は消滅してしまう。

実は東京方言の「オハナシ（お話）」の出だしの低い音調は「句音調」であり（句音調については、第4章を参照）、「お話」という単語に本来備わった特徴なのではない。

これに対して高知の「オハナシ（お話）」の出だしの低い音調は「式の音調」で、この単語に本来備わった特徴である。このような特徴は、どのような環境でもけっして消えることがない。

式の音調と句音調は、このようにして区別することができる。

なお、この中間タイプとして、「エンギモノ」のように第2拍目と第3拍目の間で上昇するものが和歌山県の田辺市龍神村などに報告されている。また、大幅な上昇位置があまりはっきりしないものも、京都府の旧船井郡の一部などで報告されている。

8.8 伊吹島方言 — 3種類の式の対立を持つ方言

日本語の式のある諸方言は、後で述べる伊吹島を除いて、原則として2種類の式が対立する体系を持っている。すでに見てきた京都方言はこ

のうち、①の平進式と、④の上昇式（遅上がりタイプ）の２つの式から成り立っている。２つの式の対立を持っているいろいろな方言のうち代表的なものを紹介すると、次のようになる。

(14) 方言内の式の区別いろいろ
　（ア）①平進式と④上昇式（遅上がりタイプ）を持つ方言
　　　　　前節で紹介した④が分布するほとんどの地域。
　（イ）①平進式と⑤上昇式（早上がりタイプ）を持つ方言
　　　　　前節で紹介した⑤が分布するほとんどの地域。
　（ウ）②下降式と③不下降式を持つ方言
　　　　　石川県白山市白峰など石川県の一部。
　（エ）②下降式と⑥上昇式（上昇が少ないタイプ）を持つ方言
　　　　　四国の香川県・愛媛県東部の各一部。

このうち、下降式を含む（ウ）や（エ）では、「高く始まるか、低く始まるか」といった文節の「開始」部分の特徴ではなく、その文節全体にかけて出現する、なだらかなピッチの下降や上昇の度合いが重要な弁別特徴となっている。

さて、このような日本語諸方言の中で、唯一、３種類の式の対立が存在する方言がある。それは、香川県観音寺市の伊吹島である。この島では、①下降式、②不下降式、③上昇式（遅上がりタイプ）、という３つの式が対立している。

この伊吹島の３つの式のピッチの描く型を、５拍語「片栗粉、贈り物、縁起物」の描くピッチ曲線の模式図によって、比較してみよう。

(15) 平進式と上昇式の違い（無核の語を例にして）

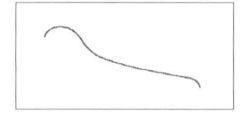

　a. 伊吹島の下降式無核　　b. 伊吹島の不下降式無核　　c. 伊吹島の上昇式無核
　　（例：カタクリコ）　　　　（例：オクリモノ）　　　　（例：エンギモノ）

伊吹島方言の「下降式」は、京都の平進式より下降の程度が大きく、特に第2拍と第3拍の間に中程度の下降が聞こえ、その後はなだらかに下がっていく（(15a) 参照）。これに対して「不下降式」は、京都の平進式とはかなり異なり、語句の最後までほぼ同じ高さを維持する（(15b) 参照）。これに対して、伊吹島の上昇式（遅上がりタイプ）は、京都をはじめとする近畿中央部のものと、よく似ている（(15c) 参照）。京都方言の上昇式（11b）と似ていることに注目しよう。

> **読書案内**●(さらに知りたい人のために)
> 　日本語諸方言アクセントの式については、実験音声学的な研究が徐々に進み始めているが、手頃な入門書や単行本がない。そのため、学術雑誌に掲載されている論文を探して読む必要があるが、まず手始めに次の解説から始めるとよい。
> 上野善道（1989）「日本語のアクセント」杉藤美代子（編）『講座日本語と日本語教育2　日本語の音声・音韻（上）』明治書院
> （現代日本語の諸方言アクセント体系の、式に重点をおいた概説。）

第8章／練習問題

1. 京都方言の5拍語のアクセント型
　　本文の8.2節の1〜4拍名詞のアクセント型の一覧表を参考にしながら、京都方言の5拍名詞のアクセント型の一覧表をつくってみよう。単語の例はなくてもよい。

　ヒント☞　・L1 の型を持つ語は存在しない。
　　　　　・語末に核がある型の単語は存在しない。

2. 京都方言のL0型の音調
　　京都では「白熊」という語は、8.3節で見た「スズメ（雀）」と同じ、L0 の型を持つ単語である。以下の語句を京都アクセントで発音するとすれば、それぞれ a、b、c のうちのどの型になるだろうか。推理してみよう。

(1) 白熊。
    a. シロクマ。(overline on ロクマ)
    b. シロクマ。(overline on シロク)
    c. シロクマ。(overline on マ)

(2) 白熊が。
    a. シロクマガ。(overline on ロクマガ)
    b. シロクマガ。(overline on シロクマ)
    c. シロクマガ。(overline on マガ)

(3) 白熊を飼う。（ヒント：飼う＝カウ）
    a. シロクマオ　カウ。
    b. シロクマオ　カウ。
    c. シロクマオ　カウ。

(4) 白熊を可愛がる。（ヒント：可愛がる＝カワイガル）
    a. シロクマオ　カワイガル。
    b. シロクマオ　カワイガル。
    c. シロクマオ　カワイガル。

3. 京都アクセントで発音する

  ヒントにあげられた各文節に実現する型のタイプを参照にして、次の文章を京都方言のピッチパターンで発音してみよう（なお、L3、H1などの記号の読み方については、p.109の(3)を参照しよう）。

  アカトンボワ、サンカイホド　ソラオ　マワッテ、イツモ
  ヤスム　イッポンノ　カキネノ　タケノ　ウエニ、
  チョイト　トマリマシタ。　ヤマザトノ　ヒルワ　シズカデス。
  (赤とんぼは、三回ほど空を回って、いつも休む一本の垣根の
  竹の上に、チョイととまりました。山里の昼は静かです。)

                        新美南吉「赤とんぼ」より

ヒント☞ この文章の、それぞれの文節単位の京都方言のアクセント型は、次の通りである。

赤とんぼは L3	三回ほど L2	空を L0
回って H1	いつも L2	休む H0
一本の L0	垣根の H1	竹の H0
上に H0	チョイと H2	とまりました H3
山里の H0	昼は H1	静かです L2

第9章 外来語のアクセントと生産性

ポイント解説 n+1型体系を持つ東京方言では、名詞のアクセント型もその拍数に応じて増えていくが、その中でも多くの語が所属する「生産的」な型と、そうでない型とがある。外来語、短縮語、複合省略語、固有名詞（人名、地名）などのアクセントは生産的な型で現れる。その一方で、東京でも京都でも「尾高型」（語末に核がある型）の所属語彙は極端に少ない。アクセント言語全体を通して、語末にアクセントを置くのを回避する一般傾向が見られる。

Keyword ▶ 頭高型、中高型、尾高型、語末アクセントの回避、生産性、−3型、外来語アクセント、重音節、軽音節、前進型アクセント

基本編

9.1 アクセントの生産性

第2章では、東京方言のアクセントにはn+1型の体系があることを見てきた。つまり東京方言では、2拍語に3つ、3拍語に4つ…というように、拍数に応じて型の数が増えていく。

しかし実は、それぞれの型に所属する語彙の数には偏りがあり、数多くの語が所属している型もあれば、その所属語彙が極端に少ないものもある。

まず、東京方言では、比較的「無核型（平板型）」に所属語彙が多い。平板型には「魚、車」のような単純語や「釜飯、黒豆」のような複合語に至るまで、多くの所属語彙がある。次は、そのほんの一例である。

(1) 無核（平板）型の所属語彙（東京方言）
　　3拍語　アソビ、イナカ、ウナギ、コイヌ、コトリ、クルマ…
　　4拍語　イタズラ、エダマメ、カキトメ、カマボコ、ケシゴム…
　　5拍語　イキドマリ、エンギモノ、ケンビキョー、コドモベヤ…

中でも、この平板型は、3拍と4拍の名詞に特にメンバーが多いことがわかっている（このことは、この章で後述する外来語や複合省略語のアクセントからも言える）。実は平板型は、もともと所属語彙の多い型であるというだけでなく、今後もメンバーを増やしていく可能性を持った型の1つである。
　このように所属するメンバーが多く、さらに今後も着実にメンバーを増やしていく勢力があることを「生産性」がある、と言う。そして、そのような勢力のある型のことを「生産的な型」と言う。また、あまり例外を出さずに、数多くの例を説明できるような規則のことも「生産的な規則」と言う（あるいはその規則には「生産性がある」、とも言う）。
　これに対し、生産的ではない（つまり所属語彙がもともと少なく、今後もそのメンバーが増えることも期待できない）型もある。このことを理解するために、まず、起伏型を3つに分けてみよう。
　起伏型は、単語のどの位置に核が置かれるかによって、「頭高型、尾高型、中高型」という3つのカテゴリーに分類される。これは特に、3拍以上の名詞の性質の違いを論じる際に、便利な分類である。
　頭高型とは語頭の拍にアクセントを持つもので、（2）の表では、「オ'ヤコ、コ'スモス」などがそれにあたる。
　これに対して尾高型とは、語の最後にアクセントを持つもので、「オトコ'、イモート'」などがそれにあたる（尾高型は、その名称から、最後の拍だけが高くなるような型のように誤解されがちだが、核が語末の拍にある型という意味なので、注意が必要である。東京方言では「オトコガ、イモートガ」のように、核のある語末の拍までが高くなり、語末の核の位置でピッチが急激に下降するような型である）。
　そして中高型とは、それ以外のすべて（つまり、語頭でも語末でもない、語の中ほどの位置にアクセント核が置かれた型）を示す。「イト'コ、ウグ'イス、アオゾ'ラ」などが、それにあたる。
　以上を具体例とともに整理すると、次のようになる。

（2）起伏型アクセントの3つのカテゴリーとその例（東京方言）
　　［頭高型］オ'ヤコ、ス'ブタ、コ'スモス、コ'ーロギ、

第9章　外来語のアクセントと生産性

　　　　　バˊイキング、ラˊイセンス、ボˊクシング
[中高型]　イトˊコ、オデˊン、クダˊモノ、アオゾˊラ、サイコˊロ、
　　　　　バラˊエティー、アサゴˊハン、イチゴジャˊム
[尾高型]　オトコˊ、コトバˊ、イモートˊ、イチニチˊ

　このように整理すると、まず、どのような型が生産的ではないかを理解するのに役立つ。
　尾高型は、2拍語だけに限って言えば、「石、山、花、網、波」など、その所属語彙が結構多く存在するが、3拍語以上の拍数の名詞になると、とたんにメンバーが少なくなる。たとえば、3拍語のオトコˊと同じような尾高型を持つ語には、「娘、女、鏡（かがみ）、地獄、小豆（あずき）、怒り、動き、頭、表（おもて）、帰り、稼（かせ）ぎ、儲（もう）け、助け、かゆみ、言葉、雫（しずく）、白髪（しらが）」などが見つかるが、その数は限られ、将来もメンバーが増加することはあまり期待できない。
　4拍語になってくるとさらにその傾向が強くなり、「イモートˊ」と同じ尾高型のアクセントを持つ語は、極端に少ない。それでも探してみると、何とか「弟、あきらめ、網の目、一月（いちがつ）、一日（いちにち）、輝（かがや）き、草取り」などの所属語彙を見つけることができるが、これらの中にも、人によっては、すでに別の型で発音して、尾高型で発音しなくなってしまっているものもある。
　一般にこのような少数派の、つまり「非生産的な」型は、その所属語彙のうちのいくつかが、別の型に変化していく傾向を示す。つまりその所属メンバーが、さらに減っていく兆候を見せている。

> **Column 1　語末核（尾高型）の回避による変化**
>
> 　語末拍に核が置かれるのを避けて、他のアクセント型へ変化したものには、次のようなものがある。まず、2拍語「寿司、熊、匙（さじ）、風呂」などは、○○ˊ型から○ˊ○型へと変化しつつある。3拍語の「頭、鏡、刀、力、匂い、袴（はかま）、鋏（はさみ）」なども、もとは尾高型（○○○ˊ型）だったのが、現在○ˊ○○型へと変化する傾向を見せている。4拍語の「集（あつ）まり、誤（あやま）り、あやとり、かみそり、雷、のこぎり」などの語にも、○○○○ˊから○○○ˊ○へと変化する兆候が見られる。尾高型（語末拍の型）はこのように、その所属語彙がだんだんと減っている。

日本語アクセント入門

このように東京方言では、尾高型は、3拍以上の語では、最も非生産的な型である。尾高型というのは、語末の拍にアクセントを持つ型である。つまり、「語末拍にアクセントを置くのを回避する」傾向があると言えるのだが、このような傾向は、なにも東京方言に限ったことではない。たとえば第8章で見た京都方言でも、2拍語は別として、それ以上の拍数の名詞では、語末拍に下がり目を持つ型の所属語彙はほとんど存在しない（第8章の（3）参照）。つまり京都方言でも、東京方言と同じように、語末拍にアクセントを置くのを回避しようとする傾向がある。他の日本語の諸方言でも、このような傾向があるものが多い。つまり、次のような性質が日本語に広く見られる。

(3) 語末拍アクセント回避の傾向
　{特に3拍語以上の語は} 語末拍に核を置くことを避ける。

　実は、「語末の要素にアクセントを置くのを嫌う」というのは、日本語だけでなく、世界のアクセント言語に共通して見られる、アクセント言語の一般的な特徴の1つとされている。

　さて、中高型には、「タマ゜ゴ（卵）、ジュワ゜キ（受話器）、アサ゜ガオ（朝顔）」などの例があるが、全体的に「エハ゜ガキ（絵葉書）、クサ゜モチ（草餅）、マドガ゜ラス（窓ガラス）」といった複合語が多い。
　中高型を1つのカテゴリーにまとめると、複合語アクセントを予測する際に役立つことがある。たとえば東京方言では、複合語の後部要素に「オトコ゜」や「コトバ゜」などの尾高型の語がくると「ヤマオ゜トコ（山男）」「オンナコ゜トバ（女言葉）」のように、「男」や「言葉」という語の本来持っている語末核が消えて、あらたな位置にアクセントが置かれる（第10章を参照）。ところが後部要素にこの中高型の名詞がくると、その後部要素のアクセントがそのまま複合語に継承される傾向がある。次の例はそれを示唆しているが、各後部要素の「オデ゜ン、サギ゜シ（詐欺師）、ハミ゜ガキ（歯磨き）、ソージ゜キ（掃除機）、アルバ゜イト、デザ゜イナー」はすべて、単独形では中高型のアクセント型を持つ。

(4) 中高型の語を後部要素に持つ複合語
　ミソ−オデ'ン（味噌おでん）、ケッコン−サギ'シ（結婚詐欺師）、ネリ−ハミ'ガキ（練り歯磨き）、デンキ−ソージ'キ（電気掃除機）、リンジ−アルバ'イト（臨時アルバイト）、ファッション−デザ'イナー

　この傾向は、特に後部要素が長い（5拍以上の）中高型の名詞からなる複合語に強い。このことは、第10章で詳しく見ていくことにしよう。

9.2　生産的なアクセント型

　それでは起伏型のうち、比較的所属語の多い（生産的な）型は、いったいどれだろうか。結論から言えば、東京方言では、起伏型の中では次のような型に所属語彙が多いことがわかっている。

(5) 所属語彙の多い型（東京方言）
　　○'○○　　　　オ'ヤコ、タ'ヌキ、フ'ベン、ダ'ンロ、チ'イキ、ア'ワビ、カ'ゾク、テ'ーキ、コ'ンブ…
　　○○'○○　　　アサ'ガオ、イチ'ジク、ウグ'イス、ムラ'サキ、ニグ'ルマ、メガ'シラ、カタ'コリ、クズ'カゴ…
　　○○○'○○　　カタグ'ルマ、カタツ'ムリ、キリギ'リス、コガネ'ムシ、タカラ'クジ、ハルガ'スミ…
　　○○○○'○○　ゲンジボ'タル、ヒガンザ'クラ、キマツシ'ケン、ナタネア'ブラ、イナカグ'ラシ…

　語の「後ろ」から数えてみると、(5)のそれぞれの語の核（下がり目）の位置は、つねにある場所に固定されていることがわかる。それは語の末尾から数えて「3つ目」の拍である。このように、後ろから数えて3つめに核があるアクセント型のことを、以下、−3型と呼ぶことにする。
　たとえば3拍語では、○'○○（−3型）は生産的なのに対して、○○○'（−1型）は非生産的な型である。また、○○'○（−2型）は「アマ'グ、カキ'ネ、アミ'ド、オス'シ、クツ'ヤ」など、いくらか存在はする

が、その語彙の数は限られている。

　4拍語でも、○○'○○（－3型）はいくらでも思い浮かぶが、それと比較すると「フ'ジサン、カ'マキリ」などの○'○○○（－4型）や、「ナガネ'ギ、アブラ'エ」などの○○○'○（－2型）は、比較的少数派である。

　さらに5拍以上の語になると、その圧倒的多数が、○○○'○○、○○○○'○○のような −3型 に集約されていく。つまり、 −3型 が、東京方言の起伏型の中では最も生産的な型であると言える。

9.3　外来語のアクセント

　新しい道具や概念が発明されて新語がつくられたり、あらたな外来語が日本語に導入されたりする際に、そのアクセント型はどのようにして決まるのだろうか。最近では、「インターネット、メール、アイコン、カーソル、クリック、サイト、アクセス、アプリ、ダウンロード」など、ほんの20年ほど前には、あまり日常的に使われることはなかった新語や外来語が、ごくふつうに使われている。

　こういう新語や外来語のうちの特に新しいものは、辞書にさえも載っていないことが多い。それにもかかわらず、私たちはそのアクセントの位置をほぼ正確に言いあてることができるが、それはなぜだろうか。

　その理由は、これら外来語や新語は、それぞれの体系の中の最も生産的なアクセント型で出現することにある。このことを確認するために、いろいろな外来語を集めて拍数別に分類し、それがどのようなアクセント型で出現するか、次に確認してみよう。

(6) 外来語のアクセント

　　［2拍語］ジャ'ズ、チェ'ロ、パ'ス、ピ'ン、フェ'ア、ヘ'ア、ボ'ス、ミ'ス、メ'モ、ヨ'ガ、ラ'ム、ロ'ス、ハ'ム、パ'ン、ピ'ザ…

　　［3拍語］ア'イス、ギ'フト、タ'オル、テ'スト、ト'マト、ド'レス、ナ'イフ、ニュ'ース、バ'ター、ビ'デオ、プ'ール、プ'リン、ホ'テル、ミ'ルク、メ'ニュー、ラ'ジオ、レ'ジャー、ロ'ビー…

［4拍語］オレ'ンジ、クリ'ーム、スタ'イル、スタ'ンプ、スト'レス、スピ'ーチ、スポ'ーツ、トラ'ブル、ビタ'ミン、ブラ'ウス、ブレ'ーキ、プロ'セス、レポ'ート、レシ'ート…

［5拍語］アスリ'ート、アルバ'イト、インテ'リア、カフェテ'リア、クリ'スマス、パスポ'ート、パトロ'ール、ピアニ'スト、プログ'ラム、モノレ'ール、マッサ'ージ、リクエ'スト、プロテ'イン…

［6拍語］アルファベ'ット、オリンピ'ック、サラブ'レッド、ダイヤモ'ンド、フォークソ'ング、プラスチ'ック、ロサンゼ'ルス…

ここから、外来語のアクセント型に最も多い型は、先ほど「生産的」だと述べた、起伏型の −3型 であることがわかる。すなわち東京方言には、次のような規則がある。

(7) **外来語のアクセント規則**
語末から数えて3つ目の拍にアクセントを置く。

ただし、「ジャ'ズ、パ'ス…」のように、その語が2拍からなる場合は、（そもそも −3 の位置には拍が存在しないので）−3 に最も近い、語末から2つ目の拍にアクセントが置かれる。
このように −3型 は、もともと所属語メンバーが多いだけでなく、新しい語が導入された場合にも、その型で発音される傾向がある。つまりこの型は、今後も着実にメンバーを増やし続けていく型である。

9.4 音節構造とアクセント

さて、第7章ですでに見たように、撥音（ン）、促音（ッ）、長音（たとえばスクールの ー の部分）、二重母音の後部母音（たとえば、タイトルのイの部分）、といった「特殊拍」は、東京方言ではアクセントを担えない。ここまでで、外来語において最も多い型は −3型 であることを見てきたが、もし語末から3つ目の拍がたまたまこの特殊拍だった場合には、どうなるのだろうか。次の例を検討してみよう。

(8) 外来語のアクセント（−3が特殊拍の場合）
  a. ￣キャンセル、￣シャンプー、￣ハンサム、￣マンション、￣メンバー、グ￣ランプリ、ボ￣ランティア、ワ￣シントン、ア￣ドベンチャー…
  b. ￣カーテン、￣サーモン、ピ￣ーマン、￣ユーモア、コ￣マーシャル、エレ￣ベーター、エス￣カレーター、コミュ￣ニケーション…
  c. ￣サイパン、￣タイトル、ア￣イドル、ラ￣イバル、ブ￣イヨン、ボ￣イラー、グ￣ライダー、デ￣ザイナー…

　(8)の例から、特殊拍はその直後にピッチの下降が現れることが、決してないことがわかる。たとえば「×シャ￣ンプー、×ボ￣ーナス」などのように、特殊拍の直後に下降が出現することはない。
　このような特徴は、なにも外来語に限ったことではなく、「￣オンガク（音楽）、￣コーカイ（後悔）、￣ブッキョー（仏教）、￣カイガイ（海外）」など、漢語でも同じようなことが言える。
　東京方言では「特殊拍は単独ではアクセント核を担えない」という特徴があることは、すでに第7章で見た。これら特殊拍は、「シン．ボ．ル．」「ボー．ナ．ス．」「アイ．リ．ス．」の下線部分のように、前の拍と1つになって1つの音節を形成する。その際、アクセント核を担うことができるのは、これらの特殊拍を含む音節全体である。
　このような「シン」「ボー」「アイ」のような構造を持つ音節は、「重音節」と呼ばれている。これに対し、たとえば「シン．ボ．ル．」の「ボ」や「ル」などのように、その内部に母音が1拍分だけ含まれているような音節は、「軽音節」と呼ばれている。

> **column 2　重音節とアクセント（英語の単純語アクセント規則）**
>
> 　英語には、「ca.réer, kan.ga.róo, ba.záar, po.líce」など、語末音節にアクセントのある語もいくらかあるが、その数は限られている（語末アクセントは英語でもあまり生産的ではない）。英語の単純語のアクセント規則では、次の（a）の例のように、語末から数えて2つ目が重音節（lan、genなど）の場合はそこにアクセントが置かれ、（b）の例のように、それが軽音節（me、naなど）の場合は、−3型となるのが基本である。

第9章　外来語のアクセントと生産性

(a) At.lán.ta、a.gén.da、con.sén.sus、u.tén.sil、ve.rán.da
　(b) A.mé.ri.ca、a.ná.ly.sis、as.pá.ra.gus、me.tró.po.lis
つまり、英語のアクセント規則は次のようなものである。
(1) 語の最後の音節（−1）を無視する。
(2) その音節から数えて1つ目（つまり語末から数えると2つ目）の音節が重音節ならば、そこにアクセントを置く。
(3) それが軽音節ならば、さらに前（つまり語末から数えると3つ目）の音節にアクセントを置く。
　世界のアクセント言語では、重音節は軽音節に比べてアクセントをひきつけやすいという一般傾向が見られるが、英語にはその傾向が特に色濃く現れている。

　東京方言では、アクセントによってもたらされるピッチの下降は、つねに音節主母音の直後に出現する。そのため上述の語は、それぞれ「シンボル、ボーナス、アイリス」のような型となる。つまり外来語のアクセントは、特殊拍ではなく、その特殊拍が属している音節全体に置かれ、そのアクセントによってもたらされる下降は、各音節の中心にある母音の直後に出現する。このことを考慮に入れると、(7)のアクセント規則は、次のように修正する必要がある。

(9) 外来語のアクセント規則（修正版）
　語末から数えて3つ目の拍を含む音節に、アクセントを置く。

　(8)のさまざまな語では、一見したところ、語末から数えて4拍目にアクセントが出現しているように見える。しかし、これはすべて、語末から数えて3つ目（−3）の位置が、たまたま特殊拍だったために、そこにピッチの下降が出現できず、それに代わって、その特殊拍の属している音節の中心にある音節主母音の直後に、その下降が出現したせいで起こった現象である。

Column 3 東京と京都でアクセントは「逆」か？──京都方言の外来語

東京と京都は「アクセントが逆」とよく言われる。たしかに日常よく使う和語では「逆」になるものも多い。たとえば「舟」のことは東京でフネだが京都ではフネ、「山」のことは東京でヤマだが京都ではヤマ、「見る」という動詞は、東京ではミルだが、京都ではミル、といった具合である。

しかし、外来語や多くの漢語では、両者のアクセントはよく似ている。たとえば、「ジャワ、ペルシャ、ロンドン、ウイーン、ハク（拍）、ゲンゴ（言語）」などは、東京・京都ともほぼ同じアクセントである。次の例も見てみよう。

●外来語のアクセント（京都方言）
　[3拍語]　ドレス H1、ミルク H1、プリン H1、トマト L2(H1)、バター H1
　[4拍語]　ブラウス L2、オレンジ〜オレンジ H0(L2)、トラブル L2
　[5拍語]　インテリア L3(H3)、アルバイト H3(L3)、クリスマス H3、ピアニスト H3
　[6拍語]　フォークソング H4、ロサンゼルス H4

その下降位置を見ると、東京方言と同じように −3型 であることがわかる。さらに京都でも、外来語の特殊拍にアクセント核を置くのを避ける傾向がある。その場合、次の例が示すように、音節主母音の後ろに下降が出現することも東京と共通している。

　シャンプー H1、バンコク H1、ピーマン H1、ワシントン L2、エレベーター L3 (H3)、コマーシャル L2、コミュニケーション L4 (H4)、エスカレーター H4 (L4)、デザイナー L2、サイパン H1

外来語が上昇式（L）になるか平進式（H）になるかは、東京方言の話者には予測はできない。しかし外来語の核の位置については、京都も、東京と同じ規則（9）に従っている。

9.5　新動詞、新形容詞のアクセント

それでは、名詞以外の新語は、一体どのようなアクセント型で現れるだろう。たとえば、「ミスをする」「トラブルに巻き込まれる」「パニックに陥る」の意味で「ミスる、トラブる、パニクる」などということがある。このような新しい動詞のアクセントを見ると、すべて（10）のように、起伏型になっていることに気づく。さらに、新しい形容詞も、起

第9章　外来語のアクセントと生産性

伏型のほうにまとまる傾向があることが（11）からわかる。

(10) **新動詞のアクセント**
　サボ'る、ダブ'る、ミス'る、パク'る、ググ'る、トラブ'る、パニク'る
　｛注：パクる「真似をすること、他人のアイディアを盗むこと」、ググる「Googleで検索すること」｝

(11) **新形容詞のアクセント**
　トロ'い（鈍い、頭の回転が遅い）、キモ'い（気持ち悪い）
　チャラ'い（チャラチャラしている）、ケバ'い（けばけばしい）

そして終止形を基準にすると、それらはすべて、-2型でまとまっていることもわかる。つまり、動詞や形容詞については、起伏型のほうが生産的なのだ。

名詞については平板型も生産的な型であることはすでに見てきたが、動詞や形容詞では、平板型ではなく、起伏型のほうが生産的である。

発展編

9.6 平板型の生産性

　この章の冒頭で述べたように、名詞に限って言えば、-3型と並行して、平板型のほうも東京方言の中では生産的である。

> **アクセントの平板化**
>
> 昔は起伏型で発音していた「ゼ'ミ、デ'ータ、ゼ'ミナー、レポ'ート、サ'ークル」などの語が、今の東京の若者の発音では平板型に変化している。これは、平板型の持つ生産性のためである（これは、その語を頻繁に使うことの多い人たちが率先して起こしている変化、ということで、「専門家アクセント」と呼ばれることがある〈井上（1998）参照〉）。このように昔は別の型で発音されていた語が、現在どんどん平板型に変化する傾向を見せているが、こ

れも、平板型が生産的なアクセント型であることを示している。

　東京方言の平板型は、−3型 と並んで生産的なアクセント型であるため、外来語の中にもこの平板型で出現するものも多い。次の例はすべて○◌̄◌̄、○◌̄◌̄◌̄…という平板型のアクセントとなっている。

(12) 平板型の外来語
　3拍語　インク、バンド、フェルト、ブリキ、ページ、ペダル、ベルト、ボール、メダル…
　4拍語　アイロン、アルバム、イベント、オムレツ、オルガン、グラタン、コンソメ、サンダル、スタジオ、ステレオ、チャンネル、テーブル、トンネル、プライド、ブランド、スピード、ベランダ、ポイント、マイナス、マラソン、ライオン…
　5拍語　アルコール、カウンター、タイミング、ドライヤー、ブラインド、ブランデー、ペニシリン、ボーリング、レントゲン…

　和語では4拍語に最も平板型が多いことがわかっているが、外来語も、4拍語になると、平板型の所属語彙がにわかに多くなっていく。

9.7　生産的な2つのアクセント型（東京方言）

　以上、東京方言では、平板型と −3型 が最も生産的な型であることを、外来語を通して見てきた。このような性質が特に顕著に現れるのが、固有名詞のアクセントである。地名や人名といった固有名詞は、そのほとんどが、平板型と −3型 という、2つの生産的な型のどちらかで出現する。次の例を見てみよう。

(13) 地名、人名のアクセント（東京方言）
・**地名のアクセント**
　［−3型］　秋田、島根、赤坂、長崎、福島、飯田橋…
　［平板型］　渋谷、三沢、大阪、川崎、鹿児島、日本橋…

・人名のアクセント
[－3型] 加藤、佐藤、野中、坂田、藤村、竹村、山崎、萩原…
[平板型] 伊藤、後藤、田中、中田、今村、中村、川崎、藤原…

ただし、どのような固有名詞が平板型になり、どのようなものが－3型になるのかについては、まだ完全にはわかっていない。

9.8　平板型の省略語

生産的な型が何かは、外来語だけでなく、短縮語のアクセントからもわかる。たとえば「ストライキ」、「アニメーション」のような長すぎる語は、「ス˚ト」、「ア˚ニメ」のような2～4拍の言葉に短縮して、言いやすくすることがよくある。このようにしてつくられるのが短縮語である。この短縮語のアクセントも、ほとんどすべて平板型か－3型のどちらかで出現する。

(14) 短縮語のアクセント
2拍語　ア˚マ(アマチュア)、チョ˚コ(チョコレート)、ビ˚ル(ビルディング)、プ˚ロ(プロフェッショナル)、ロ˚ケ(ロケーション)
3拍語　ア˚ニメ(アニメーション)、ハ˚ンデ(ハンディキャップ)、マ˚イク(マイクロフォン)
4拍語　アスパラ(アスパラガス)、イラスト(イラストレーション)、イントロ(イントロダクション)、インフレ(インフレーション)、コンビニ(コンビニエンスストア)、バーテン(バーテンダー)、リストラ(リストラクチュアリング)、リハビリ(リハビリテーション)

特に面白いのは4拍の短縮語のアクセントで、そのほとんどが平板型となっている。
4拍語が平板型を好むということは、次のような複合省略語のアクセントを見てもわかる。複合省略語とは、たとえば、「ガクショク」のよ

うな語を指すが、この語は「ガクセイ（学生）」と「ショクドウ（食堂）」という２つの語が接続してつくられた「学生食堂」という複合語がもとになり、その前部要素（ガクセイ）と後部要素（ショクドウ）の前半部分を一部ずつ（原則的には、前部と後部の前の方からそれぞれ２拍ずつ）切り取って、それをくっつけることによってつくられた、一種の新語である（複合省略語の中には、ダンパ（ダンスパーティー）のように全体で３拍になるものもある）。

このような複合省略語は、ほとんどが平板型のアクセントになる。

(15) 複合省略語のアクセント
　　リモコン（リモートコントロール）、ガクワリ（学生割引）、ルスデン（留守番電話）、ファミレス（ファミリーレストラン）、パンスト（パンティーストッキング）、ラジカセ（ラジオカセット）、セクハラ（セクシャルハラスメント）、アルチュー（アルコール中毒）、デジカメ（デジタルカメラ）

このように、東京方言では平板型が根強い生産性を持っている。

> **京都の複合省略語**
>
> 　面白いことに、複合省略語は京都方言でも無核型で現れる。ただ、東京方言との大きな違いは、そのほとんどが上昇式となることだ。「リモコン L0、学割 L0、留守電 L0、学食 L0、ファミレス L0、パンスト L0、セクハラ L0、アル中 L0」など、京都方言の複合省略語はだいたい L0（○○○○̄）にまとまる（ただし「留守電」など、一部は、若い世代で L2（○○̄○○）になる場合もあるようだ）。

４拍名詞では、その平板型の新メンバーが、今後もどんどん増え続けていくことだろう。

9.9　外来語アクセント再検討

・語末音節の構造とアクセント
　ここで外来語のアクセント規則（9）を、もう一度見てみよう。この規則

(9)によれば、−3型が最も生産的であることになる。そして、それが特殊拍だった場合には−4の位置にピッチの下降がずれることになる。

しかし現実には、規則(9)では説明できない外来語も数多く存在する。それらは普段あまり使わない特殊な語などではなく、日常に頻繁に使用される、ごくふつうの語にも多い。たとえば次の例を見てみよう。これらは、すべて−3より前の位置にピッチの下降が出現している。

(16) 語末が重音節で終わる外来語
　a. オ'ニオン、セ'クション、チャ'ンピオン、クリ'スチャン、レセ'プション、コメ'ディアン、プロダ'クション…
　b. カ'ロリー、コ'メディー、タ'クシー、ポ'スター、メ'ロディー、シ'ンフォニー、バ'ースデー、バラ'エティー、テクノ'ロジー、ヘリコ'プター、インストラ'クター…

これらの語の中には、−4の位置にアクセントがある「オ'ニオン、カ'ロリー」のような語もあるが、これらの−3の位置にアクセントが置かれていないのは、「後ろから3つ目が特殊拍だから」というような事情によるものではない。「オ'ニオン、カ'ロリー」の下線部、つまり後ろから3つ目の拍は、「ニ」や「ロ」のようなごく普通の拍であり、特殊拍ではない。

つまり、(16)の語は、すべて(9)の規則の例外となる。これらは、すべて−3より前のほうに核が現れるので、このようなアクセント型を、窪薗(2006)に従って「前進型」アクセントと呼ぼう。

(16)を見ると、前進型の語には、1つの共通点があることに気付く。これらは、「オ'ニオン、レセ'プション、カ'ロリー、バラ'エティー」のように、すべて軽音節＋重音節で終わっていることだ。

このような現象をふまえて、「拍」ではなく「音節」によって日本語のアクセントを一般化する試みも、現在、行われている（詳しくは窪薗(2006)を参照）。

・**挿入母音の不思議なふるまい**

　英語では、cocktail、business、music など、子音で終わる語が少なくない。それに対し日本語では、子音で終わる語がほとんどない。唯一の例外は「パン、ミカン、イヤホン」など、撥音「ン」で終わる語である。

　このような特徴を持つ日本語では、英単語を外来語として借用する際に、語末に母音を挿入しなければならない（多くの場合、この挿入母音は /u/ である）。ところがこの挿入母音を含む拍で終わる外来語が、規則 (9) の予測通りにはならないことが多い。次の例を見てみよう。

(17) 語末が挿入母音の /u/ で終わる外来語

語末の文字	外来語の例
ス	ピ'クルス、ビ'ジネス、ウェ'ートレス、サ'イエンス、ネ'ックレス、マ'ットレス、ラ'イセンス
ル	カ'プセル、カ'クテル、ア'クセル、デ'ジタル、タ'ーミナル、ミュ'ージカル、トロ'ピカル、ポリエ'ステル
ク	ガ'ーリック、ミュ'ージック
グ	リ'ビング、プ'ディング、イ'ヤリング、ショ'ッピング、ハ'イキング、ハ'プニング、ボ'クシング、レ'スリング、サ'イクリング、ス'トッキング、トレ'ーニング、ドレ'ッシング

つまりここでも、−3型ではなく前進型アクセントが、頻出する。

> **語末の挿入母音 /i/**
>
> 「スクラッチ、ブリッジ」など、英語で /tʃ/ や /dʒ/ で終わる単語を外来語として取り入れる場合には、語末の挿入母音は [i] である。この場合もビ'レッジ、メ'ッセージ、ソ'ーセージ、ケ'ンブリッジ、カ'ートリッジのように前進型で出ることが多い。

　この挿入母音に関わる不思議な現象は、日本語話者が英語の発音をある程度知っていて、外来語のどの部分に挿入母音が入っているか、わかっていなければ起こり得ない。これは、日本語に英語が根深く浸透していることを示唆している。

9.10　 －3型 と前進型の共存

一方、前述の前進型と同じ条件を持っていても、規則（9）の予測通りに －3型 （ただし特殊拍に核がくると －4）になるものも多い。

(18) 前進型にならない外来語の例
a. ビタ゚ミン、ヒロ゚イン、ブレ゚ザー、スプ゚レー、コンディ゚ション、ストロベ゚リー、ブルーベ゚リー
b. スト゚レス、プロ゚セス、クリス゚マス、トラ゚ブル、プロフィ゚ール、グロテ゚スク、ヒステリ゚ック、ブリ゚ッジ、サンドイ゚ッチ

(18a) の語は、すべて軽音節＋重音節で終わっているのに －3型 で現れ、たとえば「˟コ゚ンディション、˟ブ゚レザー」などの前進型にはなっていない。(18b) の語も、すべて挿入母音 /u/、/i/ で終わっているのに、「˟ス゚トレス、˟ク゚リスマス」などの前進型にはなっていない。つまりこれらは、(9) の規則でないと説明できない。

> **column 7　「アクセント」のアクセント**
>
> 語末が /t/ や /d/ で終わる accent、diamond のような英単語を取り入れる場合には、/u/ の代わりに、/o/ を語末に挿入し、「アクセント゚、ダイヤモンド゚」のようになる。この場合は前進型になるケースが多い。
>
> ユ゚ニット、テ゚キスト、コ゚ンセント、コ゚ンテスト、コ゚ンサート、ペ゚ンダント、タ゚ーゲット、シャ゚ーベット、ダ゚イエット、ア゚クシデント、プロ゚ジェクト、ブレ゚ゼント、アシ゚スタント、コンサ゚ルタント
>
> たとえば「アクセント」という語は、もし本文 (9) の規則が予測する通り －3型 ならば、「˟アク゚セント」という型になるはずだが、実際は「ア゚クセント」のような前進型となっている。
>
> 一方、同じ挿入母音 /o/ で終わる外来語には、 －3型 のものもある。
>
> チョコレ゚ート、テロリ゚スト、ノミネ゚ート、ピアニ゚スト、ピラミ゚ッド、パラシュ゚ート、リクエ゚スト、リクル゚ート、アルファベ゚ット、カスタネ゚ット、ダイヤモ゚ンド、トランペ゚ット、ニュージーラ゚ンド
>
> これらは、なぜ「˟ノ゚ミネート」などの前進型にはならないのだろうか。

> たとえば、「イ'ングランド(前進型)」と「アイルランド(−3型)」のアクセントは、どうして異なるのか。これは依然として、謎である。

　また現代東京方言では、前進型アクセントと、従来どおりの−3型アクセントの両方が許されているケースもある。たとえば次の例は、東京方言では、2種類のアクセント型で出現する（人によっては片方しか認めない人もいる）。そのうち、太字で示されたものが前進型で、（　）内に示されているものが−3型のアクセントである。

(19) 前進型と−3型の共存
　　アコ'ーディオン（アコーディ'オン）、イ'ンタビュー（インタ'ビュー）、エ'ネルギー（エネル'ギー）、カ'ーディガン（カーディ'ガン）、ハ'ンガリー（ハンガ'リー）、ミュ'ージシャン（ミュージ'シャン）

　これらは、かつては−3型で発音されていたのが、だんだんと前進型に変化してきている、とする指摘もある（窪薗2006）。たしかに東京方言では、前進型（太字のもの）が若者に多く、（　）内の−3型のほうが、比較的年配の話者の発音に残っている場合が多い。

　以上、外来語アクセントを検討すると、アクセント言語の一般的な特徴が何かがわかってくる場合があることを見てきた。

読書案内●(さらに知りたい人のために)
　外来語アクセント研究は現在、研究途上にあるので、研究論文は数多くあるが、概説書の類はまだ少ない。この章で述べたことをさらに詳しく知るためには、次の解説が役立つ。
上野善道（2003）「アクセントの体系と仕組み」北原保雄（監）上野善道（編）『朝倉日本語講座3　音声・音韻』朝倉書店
　(特に外来語と複合語アクセントについての説明が役立つ。これらのアクセント現象を音節に核があるとはしない立場から論じていて、参考になる。)
窪薗晴夫（1999）『日本語の音声』岩波書店
　(第6、7章に日本語の外来語アクセントのしくみについて説明がある。)

窪薗晴夫（2006）『アクセントの法則』 岩波書店
（「前進型」アクセントについての解説があり、日本語アクセントが英語アクセントと共通性を持つ、との指摘もある。）
井上史雄（1998）『日本語ウォッチング』 岩波新書
（第7章に、現代の平板化の変化の動向についての解説がある。）

第9章／練習問題

1. 外来語アクセントの位置

　次の外来語は、すべて東京方言では p.132（9）の規則で説明できる。まず、それぞれの語を、4拍語、5拍語、6拍語に分類し、次に各語にアクセント符号「'」を付けて、東京方言のアクセントで発音してみよう。

　フルーツ、マッシュルーム、ブイヤベース、ピスタチオ、マヨネーズ、レモネード、パプリカ、モロヘイヤ、ヨーグルト、ハンバーグ、コンビーフ、クレープ、パパイヤ、ポタージュ、スパイス、ケチャップ、マーマレード、オートミール、サーロイン、ビスケット、マドレーヌ、アスパラガス

2. 人名のアクセント

　次の外来語の固有名詞は−3型が多い。しかしその中には、後ろから3つ目の拍がたまたま特殊拍だったために−4の位置に下降がずれたものが混じっている。この中から、そのような事情で−4の位置に下降が出現したものを、探し出してみよう。

　リンカーン、チャーチル、アリストテレス、ニュートン、ターザン、アインシュタイン、ミケランジェロ、キングコング、ヘーゲル、クレオパトラ、ルノアール、ルーズベルト、ベートーベン、ナイチンゲール、ヘラクレス、シンデレラ、ハイドン、ソクラテス、シェークスピア、スヌーピー、クリントン

3. 前進型と -3型 (1)

(1)〜(12) の各語のアクセントは、ある東京方言の話者が、次のような前進型アクセントで発音すると答えたものであるが、それぞれの語が -3型 のアクセント型も持っている。

その -3型 のほうは、どのようなアクセント型になるか考えて、そのピッチの下降位置に「'」を付けて、発音してみよう。

(1) ア'ンケート　　(2) オ'ードブル　　(3) コ'スチューム
(4) オ'ーディション　(5) ロ'ボット　　(6) ケ'ンブリッジ
(7) カ'リキュラム　(8) カ'ートリッジ　(9) チ'ケット
(10) コ'ンタクト（コンタクトレンズの意味）
(11) パ'ラドックス　(12) バ'ルコニー

4. 前進型と -3型 (2)

次の各語のアクセントは、ある東京方言の話者が「両方ともあり得る」と認めたものである。太字で示されたものがその話者が普段使うほうのアクセント型で、（ ）内は「使わないが東京方言としてあり得る」型である。この話者が各語について、普段使うアクセント型は -3型 か、前進型か、どちらかを考えてみよう。

(1) **クラ'シック**　（クラシ'ック）
(2) **ハ'ーバード**　（ハーバ'ード）
(3) **パイロ'ット**　（パ'イロット）
(4) **パ'ラダイス**　（パラ'ダイス）
(5) **フェミ'ニスト**　（フェ'ミニスト）
(6) **プライベ'ート**　（プラ'イベート）
(7) **ブレ'スレット**　（ブレスレ'ット）
(8) **サフ'ラン**　（サ'フラン）
(9) **マ'ジック**（マジ'ック）
　　　　　　　（マジックインキのことではなく、手品などのこと）
(10) **マ'グニチュード**　（マグニチュ'ード）

(11) チャレ'ンジ　（チャ'レンジ）
(12) メ'ッセージ　（メッセ'ージ）
(13) レ'トリック　（レトリ'ック）
(14) ア'ーモンド　（アーモ'ンド）
(15) ヘルメ'ット　（ヘ'ルメット）

|調べてみよう| この練習問題3と4にあげられた名詞を、東京方言の複数の話者に発音してもらい、|−3型|と前進型のどちらで発音するか見てみよう。若い世代と、年齢が比較的上のほうの世代とで、特定のアクセント型に偏る傾向がはたして見られるだろうか。検討してみよう。

第10章 複合語のアクセント(1)

ポイント解説 複合語のアクセントは、1語ずつ覚えないといけないものから、生産的な規則によっていくらでもつくり出せるものまでが、連続的に存在する。生産的な規則によってつくられる複合名詞のアクセントは、東京方言では後部要素の長さや型によって決定する場合が多い。

Keyword ▶複合語、複合名詞、前部要素、後部要素、2語連続、後部決定型

基本編

10.1 東京方言の複合名詞のアクセント

　複合名詞とは、「山桜（ヤマ＋ザ˺クラ）、隙間風（スキマ˺＋カゼ）」のように、1つの語が2つ以上の名詞から成り立っているものを言う。

　以下、「山桜」の「山」の部分のように、複合名詞の前にくる語を「前部要素」、そして「桜」の部分のようにその後ろにくる要素を「後部要素」と呼ぶことにしよう。

　複合名詞には、新語や生産的につくり出せる語も多い反面、古くからの慣用的な語もある。そのため複合名詞のアクセントは、一般性の高い規則で導き出せるものから、一つひとつの単語ごとに覚えておかなければならないものまで、さまざまなものがある。

　前部、後部のいずれの要素とも2拍以下のものは、規則で説明できないものが多い。そのためこの章では、前部と後部のうち少なくとも片方の要素が3拍以上のものに焦点をあてて検討してみたい。また、「一欠片（ヒト˺カケラ）、一休み（ヒト˺ヤスミ）」のように、内部に数字を含むものや、「浮き沈み（ウキ˺シズミ）、共倒れ（トモダオレ）」のように後部要素が動詞の連用形から由来するものも、規則で説明するのが難しいので、ここでは触れないことにする。

　さて、東京方言の複合名詞のアクセントには、大きく分けて次の3つのタイプがある（以下、⓪は、その記号の直前の語がアクセントを持た

ない、つまり無核(東京方言では平板型)であることを表す)。

(1) 3種類の複合名詞アクセント(東京方言)
 a. 2語連続
  カ’クサ ＋ ゼセー⓪ → ￣カクサ‐ゼセ￣ー (格差是正)
 b. 不完全複合名詞
  タ’イヨー ＋ エネ’ルギー → ￣タイヨー‐エネ￣ルギー (太陽エネルギー)
 c. 1単位の複合名詞
  カ’タ ＋ クルマ⓪ → カタ￣‐グ￣ルマ (肩車)
(￣タイヨー‐エネ￣ルギーのーとエ、カタ￣‐グ￣ルマのタとグは、同じ高さで、続けて発音される。以下、同様である)

 まず「2語連続」とは、前部要素と後部要素の各語を単独で発音したときのアクセント型が、両方とも複合名詞にそのままの形で残されるものを言う。たとえば、「格差是正」という複合名詞では、前部要素「カ’クサ」と後部要素「ゼセー⓪」の本来のアクセントが複合名詞にそのまま保存され、「￣カクサ‐ゼセ￣ー」のようになる。そのためアクセント上は2つに分かれ、1つの複合名詞の中に2つの高い音調の山が生じることが多い。
 これに対して「不完全複合名詞」では、複合名詞全体が1つの高い音調の山にまとまる。このタイプの複合名詞の特徴は、「前部要素のアクセント型が消え、後部要素のアクセント型が残る」ことによって、複合名詞全体のアクセントが1つにまとまることだ。たとえば東京方言の「太陽エネルギー」のアクセントは「￣タイヨー‐エネ￣ルギー」だが、これを見ると前部要素「タ’イヨー」のアクセント型は消滅してしまっているが、後部要素「エネ’ルギー」のアクセントは、そのまま複合名詞に残されていることがわかる。
 最後に「1単位の複合名詞」は、「不完全複合名詞」と同じくそのアクセントが1つにまとまるのだが、前部、後部ともその要素が本来持っているアクセント型が消滅してしまうものを指す。このタイプでは、複合名詞全体のアクセントが、前部、後部の持つ本来のアクセント型とは無関係に、あらたに特定の位置に核を置くことによってつくられる。た

とえば、「肩車」という複合名詞のアクセント「カタ‾ーグ‾ルマ」には、前部要素「カ'タ」のアクセント核も、後部要素「クルマ⓪」の平板型アクセントも残されていない。「カタ‾ーグ‾ルマ」は、後部要素の第1拍目（つまり「～グ‾ルマ」のグ‾の部分）にあらたな核が生じることによって、1つのアクセントの山にまとまっている。

　以上の3つのタイプの複合名詞の違いを図で見てみると、次のようになる。

(2) 3種類の複合名詞アクセント

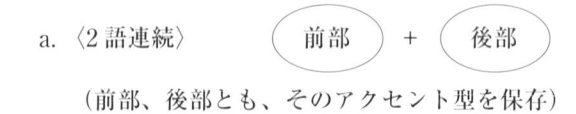

　　a.〈2語連続〉　　　前部　＋　後部

　　　（前部、後部とも、そのアクセント型を保存）

　　b.〈不完全複合名詞〉　前部　＋　後部

　　　（前部のアクセント型を削除。後部のアクセント型を保存）

　　c.〈1単位の複合名詞〉　前部　＋　後部

　　　（前部、後部ともそのアクセント型を削除。あらたな位置にアクセント核を置く）

　以下では、どのような場合にそれぞれのタイプの複合名詞が生じやすいのか、考えてみよう。

10.2　2語連続の複合名詞のアクセント

　まず、(1a) の「2語連続」の例だが、どのような場合にこの「2語連続」が生じやすいかは、前後の要素の意味的・統語的な関係から、ある程度予測できる。

　まず、たとえば次の例のように、前後の要素が並列関係にある場合に、この2語連続が生じやすいことがわかっている。

(3) 並列関係による2語連続の例
　　キョ'ート　＋　ナ'ラ　→　キョート‐ナラ（京都・奈良）
　　イ'ンド＋パキ'スタン→インド‐パキスタン（印度・パキスタン）

　たとえば「京都・奈良」では、前部の「京都（キョ'ート）」、後部の「奈良（ナ'ラ）」のアクセントが、両方とも複合名詞にそのまま保存されているため、「キョート‐ナラ」のように、複合名詞内部に2つの高い音調の山が生じている。他にも、「比較対照」、「整理整頓」、「多芸多才」、「順列組合せ」「のぼりくだり」などが、このタイプの複合名詞に入る。ただし前部要素がもともと無核⓪の複合名詞の場合、この2つの高い山が1つにまとまってしまう場合もある。たとえば「のぼり・くだり」は、「ノボリ‐クダリ」のように丁寧に発音すると2つの山が内部に生じるが、実際の発音では「ノボリ‐クダリ」のように、それが1つにつながってしまうこともある。

　また、この2語連続は、次の「格差是正」のように、前部要素と後部要素が格関係にある場合などにも生じやすい（実際の発音では、これらは、2つ目の高い音調の山が抑えられて「カクサ‐ゼセー、ジムショ‐ヘイサ」のようになることも多い）。

(4) 格関係による2語連続の例
　　カ'クサ　＋　ゼセー⓪　→　カクサ‐ゼセー（格差是正）
　　ジム'ショ　＋　ヘイサ⓪　→　ジムショ‐ヘイサ（事務所閉鎖）

　前部要素と後部要素が「格関係にある」複合名詞とは、たとえば「格差を是正する」（格差是正）、「事務所を閉鎖する」（事務所閉鎖）、「秩序が崩壊する」（秩序崩壊）などのように、後部要素に置かれた名詞のもとになっている動詞（「是正する、閉鎖する」など）の目的語や主語にあたる名詞が、その前部要素となって、複合名詞がつくられているような場合を指す。他にも、「手続き終了、判断停止、政府介入、体力低下、原因究明」などがこのタイプの複合名詞に入る。

　さらに、3つ以上の要素からなる複合名詞で、右枝分かれ構造（コラ

ム1を参照)を内部に含むものも、2つのアクセント単位に分かれやすい。

(5) 右枝分かれ構造による2語連続の例

　　タ'ンキ　＋　カイガイリュ'ーガク
　　　　　　→　タンキ‒カイガイリューガク　（短期‒海外留学）
　　ニホ'ン　＋　レキシガッカイ
　　　　　　→　ニホン‒レキシガッカイ　（日本‒歴史学会）

たとえば「タンキ‒カイガイリューガク」の場合は、後部要素の「海外留学」がすでに、「海外」と「留学」からなる複合名詞である。このような場合は特に、アクセント上、2つの単位に分かれやすい。

> ### 右枝分かれによるアクセント単位の切れ目
>
> 3つ以上の要素からなる複合名詞の場合、左枝分かれ構造と右枝分かれ構造でアクセントが異なる場合がある。複合名詞を構成する3つの要素を今、X、Y、Zとすると、左枝分かれ構造とは、[[X Y] Z]（例：[[社会 人] 野球]）のようなものを示し、右枝分かれ構造とは[X [Y Z]]（例：[日本 [相撲 協会]]）のような構造を持つ。その違いを図式化すると、次のようになる。
>
> ```
>       X   Y   Z              X   Y   Z
>      社会  人  野球           日本 相撲 協会
>      〈左枝分かれ構造〉        〈右枝分かれ構造〉
> ```
>
> 左枝分かれ構造では、シャカ'イジン＋ヤキュー⓪→シャカイジン‒ヤ'キュー（シャカイジン‒ヤキュー）のように、アクセントが1単位にまとまるのに対して、右枝分かれ構造では、ニホ'ン＋スモーキョ'ーカイ（ニホン‒スモーキョーカイ）のように、アクセントが2単位に切れる場合が多い。他にも次のような例がある。
>
> 〈左枝分かれ構造の例〉
> 関係閣僚会議、少数民族問題、海外留学制度
>
> 〈右枝分かれ構造の例〉
> ヨーロッパ金融政策、高性能携帯電話、スタジオ生出演

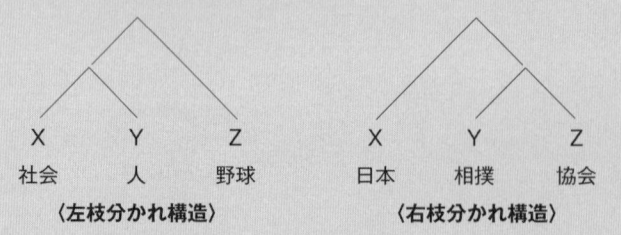

右枝分かれ構造は、複合名詞の途中に統語的・意味的な切れ目がくるため、アクセントの単位もそこで切れることが多いのである。
　ただし、この場合も、最初の要素がもともと無核⓪の場合は、2つの山が1つにつながってしまうことがよくある。たとえば「東京スカイツリー」は「トーキョー‗スカイツリー」のように2つの山に分かれる場合もあるが、「トーキョー‗スカイツリー」のように1つの山につながってしまう場合もある。

10.3　不完全複合名詞のアクセント

　複合名詞のうち、前部要素は平板化してしまうが、後部要素のアクセント型はそのまま残るものを「不完全複合名詞」と呼ぶ。
　後部要素が5拍以上の複合名詞の多くは、このタイプになる傾向が特に強い。このタイプの複合名詞では、前部要素のアクセント型が消えてしまう。このことは、後部要素を「ヨーグルト」でそろえた、次の例を見るとよくわかる。

(6) 不完全複合名詞の例—後部が5拍以上の名詞の場合
　　ブルーベ'リー＋ヨーグ'ルト　→　ブルーベリー‗ヨーグルト
　　マ'ンゴー＋ヨーグ'ルト　→　マンゴー‗ヨーグルト
　　チェ'リー＋ヨーグ'ルト　→　チェリー‗ヨーグルト

　これに対して、後部要素のアクセント型「ヨーグルト」のほうは複合名詞に保存されている。
　また、後部要素が4拍以下でも、それがすでに複合名詞である場合は、この不完全複合名詞となることがある。たとえば次の例では、前部のアクセントが消え、後部のアクセントが残されていることがわかる。

(7) 不完全複合名詞の例—後部が4拍以下の名詞の場合
　　シ'リツ＋トショ'カン　→　シリツ‗トショカン（市立図書館）
　　イ'ンチキ＋ゲカ'イ　→　インチキ‗ゲカイ（インチキ外科医）

たとえば「市立図書館」の場合は、「×シリツ‾ト̄ショカン」のようにはならず、後部要素「図書館」の本来持っているアクセント型「ト̄ショカン」が残されて、「シリツ‾ト̄ショカン」のようなアクセントとなっている。「図書館」そのものが、複合名詞だからである。

10.4　1単位の複合名詞のアクセント

「1単位の複合名詞」とは、次の(8)の例のように、前部・後部ともその要素本来のアクセント型が消滅し、複合語全体に新しいアクセントの型がつくられるものを言う。

(8) 1単位の複合名詞
　　ク'ラブ＋カツドー⓪　→　クラブ‾ーカ̄ツドー（クラブ活動）

このタイプのアクセント型は、後部要素の拍数によってある程度決まる。まず、後部が1〜4拍の場合の最も優勢なアクセントを、次にあげてみよう。

(9) 1単位の複合名詞の例
　a. 後部が1拍の場合：マ'クラ＋キ'→マクラ'ーギ（枕木）
　b. 後部が2拍の場合：キ'ナコ＋モチ⓪→キナコ'ーモチ（黄粉餅）
　c. 後部が3拍の場合：ヤマ'＋サクラ⓪→ヤマーザ̄クラ（山桜）
　d. 後部が4拍の場合：チーズ＋カマボコ⓪→チーズーカ'マボコ（チーズ蒲鉾）

この「1単位の複合名詞」の特徴は、次のようにまとめることができる。

(10) 1単位の複合名詞の性質
　a. かならず起伏型になる。（核が出現する。）
　b. その核は、後部要素が1・2拍の場合は前部要素の末尾拍に、後部要素が3・4拍の場合は後部要素の初頭拍に置かれる。

この (10b) を見ると、東京方言の複合名詞では、後部要素の拍数がそのアクセントの決定に大きな役割を担っていることがわかる。

> **Column.2 母音の無声化とアクセントの移動**
>
> 母音の無声化が、本来の下がり目の位置を移動させることがある。たとえば、「ナガサキ'－ケン（長崎県）」を ナガサキ－ケン のように発音するようなことがそれにあたる。次の例を見よう（キヤクは、その母音が無声化していることを表す）。
>
> ナガサキ'－ケン（長崎県）→ ナガサキ－ケン ～ ナガサキ－ケン
> シンジュク'－ク（新宿区）→ シンジュク－ク ～ シンジュク－ク
> シンサツ'－ケン（診察券）→ シンサツ－ケン ～ シンサツ－ケン
> ケンセツ'－ヒ（建設費）→ ケンセツ－ヒ ～ ケンセツ－ヒ
>
> これは、「ナガサキ」の「キ」の母音 /i/ や、「シンサツ」の「ツ」の母音 /u/ が、2つの無声音（/k/、/c/、/h/ など）の間に挟まれて無声化したためである。無声化した母音は核を担いにくいという性質がある（第7章と第13章も参照）。その結果、上の例では、1つ前の拍に下がり目の位置がずれたのだ。

このように、東京方言の複合名詞では、<u>後部要素の長さや構造</u>が、そのアクセント型の決定に大きな役割を担っている。

たとえば (9) で見たように、1単位の複合名詞になる場合は、後部要素の長さ（拍数）がどのようなアクセント型の複合名詞となるかを決定していた。また (5) の例からわかるように、後部要素がどのような構造を持っているかが、2語連続のアクセント型になるかどうかの決め手となっていた。このような一般的特徴を、「**後部決定型**」の複合語規則と呼ぶことにする。

東京方言では、後部要素が5拍以上の語だと、その後部要素のアクセント型がそのまま複合名詞に残される一般傾向がある。これに対してそれが1～4拍語の場合には、その後部要素の本来のアクセントが削除され、あらたな場所にアクセント核がつくられることによって複合名詞アクセントが決まる傾向がある。つまり、後部要素が5拍以上だと「不完全複合名詞」になりやすく、後部要素が1～4拍の場合は「1単位の複合名詞」になりやすいというパターンが、最も優勢なものなのである。

第10章 複合語のアクセント(1)

実は、このパターンには後で述べるように例外もある。しかし、まず、この最も優勢なパターンに従っているものを、以下、「基本パターン」と呼ぶことにしよう。まず基本パターンが何かをしっかり押さえることによって、何が例外かもはっきりわかるからである。

　第9章で扱った外来語と同様、以下、語の末尾から数えて何拍目に核が置かれるかという観点を使いながら、これまでの情報を整理してみよう（以下、たとえば語末から数えて2つ目に核がある型を −2型 のように呼ぶ）。そうすると東京方言の複合名詞の基本パターンは、(11) のようにまとめられる。

(11) 複合名詞の基本パターン（東京方言）

　　　[後部要素の拍数]　　　[複合名詞の基本パターン]　[複合名詞のタイプ]
　a. 1拍の場合　→　−2型 ：…○'−○　　　　　　　　⎫
　b. 2拍の場合　→　−3型 ：…○'−○○　　　　　　　⎬ 1単位の複合名詞
　c. 3拍の場合　→　−3型 ：…○−○'○　　　　　　　⎪
　d. 4拍の場合　→　−4型 ：…○−○'○○　　　　　　⎭
　e. 5拍以上の場合 → 後部要素のアクセント型を複合名詞にそのまま保存　→ 不完全複合名詞

　具体例として、前部要素を「宇宙」でそろえて、後部要素が2拍以上の場合の例をあげてみると、次のようになる（「宇宙服」や「宇宙人」がなぜ「ウチュー－フク」、「ウチュー－ジン」のようにならないかについては、第7章を参照しよう）。

(12) 複合名詞の優勢な型の具体例

　　　[後部]　　　　　　　　　　[具体例]
　b. 2拍　　宇宙服（ウチュー－フク）　宇宙人（ウチュー－ジン）
　c. 3拍　　宇宙時代（ウチュー－ジダイ）　宇宙旅行（ウチュー－リョコー）
　d. 4拍　　宇宙開発（ウチュー－カイハツ）　宇宙観測（ウチュー－カンソク）
　　　　　　宇宙衛星（ウチュー－エイセイ）
　e. 5拍以上　宇宙天文学（ウチュー－テンモンガク）

複合名詞アクセントの型として最も優勢なものは何かという観点から見ると、後部要素が1〜4拍の場合の基本パターンは「1単位の複合名詞」で、それが5拍以上の場合の基本パターンは「不完全複合名詞」ということになる。

> **Column.3　どちらかに分類できない複合名詞**
>
> 　「不完全複合名詞」と「1単位複合名詞」との違いは、常に明確に区別できるとは限らない。たとえば、「海外ドラマ」、「歓迎パーティー」のような複合名詞は、どちらともとれる。
> 　なぜかと言えば、そもそも後部要素の単独形「ドラマ」、「パーティー」がもともと頭高型だからだ。そのため、その後部アクセントのもとの核が、そのまま複合名詞に保存されてこのような複合名詞アクセントができたのか、あるいはそれが（11c・d）のパターン、つまり「後部要素の第1拍目に核が置かれる」という優勢なパターンに従ってそうなっているのかは、判断不可能である。
> 　複合名詞の一般的特徴を考える際には、このようにさまざまな偶然が重なってどちらかに判別し分けることができない複合名詞の例については、あらかじめ考察の対象から外しておくことにしよう。

　さて、東京方言の複合名詞にはこれまで見てきた「基本パターン」に従わない例外もある。それはどのような場合か、そしてその例外はどのような場合に起こりやすいのかについて、次の発展編で、詳しく見ていくことにしよう。

発展編

10.5　例外的な複合名詞のアクセント─後部が1、2拍語の場合

　(11)で述べたような複合名詞規則の最も優勢な基本パターンには、例外もある。その例外的ケースがどのような条件で起こるかは、予測できる場合と、予測できない場合とがある。しかし予測できる場合には、やはり<u>後部要素の拍数・語種・アクセント型・語構成・音韻構造</u>などが、

大きく関わっている。

　まず、**後部要素が1拍語の複合名詞**には(11)では−2型が基本パターンであるが、この他に、複合名詞全体が平板型になってしまうケースもある。次のような例が典型的である。

(13) 後部要素が1拍の複合名詞（基本パターンの例外）
　　オトコ－ユ⓪　　オトコ￣－ユ￣　（男湯）
　　ムスビ－メ⓪　　ムスビ￣－メ￣　（結び目）
　　コモレ－ビ⓪　　コモレ￣－ビ￣　（木漏れ日）

　これらは、(11)で見た基本パターンに従うと「ˣオトコ'－ユ」や「ˣムスビ'－メ」となるはずだが、そうなっていない。しかし、どういう場合にこの平板型になるのかは予測が難しい。

　次に後部要素が2拍語の場合は、(11)で述べた−3型の他に、平板型と−2型もそれぞれ一定数あることがわかっている。次の例がそうである。

(14) 後部要素が2拍の複合名詞（基本パターンの例外）
　a. 平板型になるもの
　　　ムラ'サキ＋イロ' → 　ムラサキ￣－イロ￣⓪　（紫色）
　　　ナヤミ'＋コト' → 　ナヤミ￣－ゴト￣⓪　（悩み事）
　b. −2型になるもの
　　　イコク⓪＋シュ'ミ　→　イコク￣－シュミ　（異国趣味）
　　　ヒジョー⓪＋ベ'ル　→　ヒジョー￣－ベル　（非常ベル）

　これらは、「ˣムラサキ'－イロ」や「ˣイコク'－シュミ」のようにはならない。(14a)の平板型になるケースがどのような条件で起こるかは、完全には予測ができないので、単語ごとに覚えておくしかない。

Column 4 平板型の複合名詞はどういう場合に生じやすいのか

平板型になる複合名詞がどのような条件で起こるかは、完全には予測できないものの、そこには一定の傾向はある。

まず和語に限れば、複合名詞が平板型になるのは、その後部要素を単独で発音したときに「イロ'（色）、ハラ'（腹）」のように尾高型アクセントを持つ場合が比較的多い（例：サクラ－イロ⓪（桜色）、タイコ－バラ⓪（太鼓腹））。しかしそれが尾高型でも、複合名詞は平板型にならないものも多い（イケ'（池）、クサ'（草））。（例：ヨーギョ－イケ（養魚池）、ハハコ－グサ（母子草））。逆に単独形が尾高型以外の場合でも、複合名詞全体が平板型のものも少しある（サキ⓪（先）、ハタ⓪（端））（例：ヨメイリ－サキ⓪（嫁入り先）、イロリ－バタ⓪（囲炉裏端））。

後部要素が漢語の場合は、その単独の場合のアクセントとは無関係に、複合名詞が平板型になる例が比較的多い。たとえば、「ト'ー（塔）、キョー⓪（経）」が後部になると、クヨー－トー⓪（供養塔）、アミダ－キョー⓪（阿弥陀経）となる。

外来語を後部要素に持つ複合名詞には、平板型は比較的少ない。

一方、もう1つの基本パターンの例外、つまり (14b) のように複合名詞アクセントが −2型 になる場合については、ある程度予測が可能である。まず、後部要素が単独で発音した場合に○'○のような型（シュ'ミ（趣味）、ベ'ルなど）であることが必要条件である。さらに、次のような条件を満たす場合には、ほぼかならず −2型 になると言ってよい。

(15) 後部が2拍語なのに、かならず −2型 になる複合名詞の条件
 (a) 後部要素が○'○で2字漢語のもの
  シャ'カイ＋シュ'ギ → シャカイ－シュ'ギ（社会主義）
  セ'カイ＋チ'ズ → セカイ－チ'ズ（世界地図）
 (b) 後部要素が外来語で、第2拍目に特殊拍を持たないもの
  イチゴ⓪＋ジャ'ム（jam） → イチゴ－ジャ'ム（苺ジャム）
  ク'ロベ＋ダ'ム（dam） → クロベ－ダ'ム（黒部ダム）

これらは、「×シャカイ'－シュギ」や「×イチゴ'－ジャム」のように

はならない。(15a) に対し、たとえ後部要素が単独で○'○の漢語であっても、次の (16) のようにそれが1字からなる漢語の場合には、−2型 にはならず、基本パターンに従う。

(16) 後部要素が2拍の漢語で、基本パターンに従う例
　　ゲ'キ（劇）　　→　　セーブ'−ゲキ　（西部劇）
　　ガ'ク（額）　　→　　シシュツ'−ガク　（支出額）

また、次の (17a) のように、和語で、しかも単独の場合のアクセント型が○'○の場合も、この −2型 にはなりにくい。また(17b)のように、第2拍目が特殊拍（ン、ー、イ）の外来語の場合にも、この −2型 にはなりにくい。

(17) 後部要素が2拍の和語・外来語で、基本パターンに従う例
　　　　　後部要素　　　　　　　複合名詞全体
　a.　ヒ'メ（姫）　　　→　　ニンギョ'−ヒメ（人魚姫）
　　　ク'ジ（くじ）　　→　　タカラ'−クジ（宝くじ）
　　　ア'メ（雨）　　　→　　ニワカ−ア'メ（古）、ニワカ'−アメ（新）
　　　フ'ネ（舟）　　　→　　ホカケ−ブ'ネ（古）、ホカケ'−ブネ（新）
　b.　カ'ー（自動車）　→　　レンタ'−カー
　　　ティ'ー（紅茶）　→　　ミルク'−ティー、ミルク−ティ'ー
　　　パ'ン（麺麭）　　→　　くるみ'−パン
　　　マ'ン（man）　　 →　　スポーツ'−マン

このような場合、複合名詞は基本パターンの −3型 で出現する。特に (17a) の場合には、世代差もあり、若い世代ほど −3型 になりやすいとされている。

10.6　例外的な複合名詞のアクセント―後部が3、4拍語の場合

すでに見てきたように、後部要素が5拍以上の語の場合は、ほぼ例外

なく、複合名詞にその後部要素のアクセント型がそのまま保存される（(6) の例を参照）。

これに対して、後部要素が3拍、あるいは4拍の語からなる複合名詞の場合には、原則的に1単位の複合名詞となり、それぞれ －3型、－4型 の複合名詞がつくられるのが、その基本パターンだった（(11)を参照）。

しかし、後部要素が3拍語、あるいは4拍語であっても、それが中高型（なかだかがた）（例：プレ'ー）のものに限って、その核が複合名詞に保存されることがある（フェア-プレ'ー）。ここでは、その場合の条件を検討してみよう。

まず後部要素が3拍語の場合、次の（18）のようにそれが中高型の外来語で、さらにその第1拍目に挿入母音がある場合は、複合名詞はほぼ例外なく －2型 になる（コラム5参照）。

(18) 後部要素に挿入母音がある場合（基本パターンの例外）

後部要素		複合名詞全体
プレ'ー（play）	→	フェア-プレ'ー（フェアプレー）
ステ'ー（stay）	→	ホーム-ステ'ー（ホームステイ）

これらは、「×フェア-プ'レー」「×ホーム-ス'テー」のようにはならない。

Column 5　外来語の語中の挿入母音と複合名詞のアクセント

英語の play、stay、blue、try、dry、free といった語には、[pl]、[st]、[bl]、[tr]、[fr] という子音連続が見られる。このように英語では、1つの音節の頭に子音が2つ以上続くことはよくあるが、これらを外来語として借用するときには、プレー（pure:）、ステー（sute:）、ブルー（buru:）、フリー（furi:）、トライ（torai）、ドライ（dorai）の下線部のように、子音の間に母音 [u] や [o] を挿入しなければならない（外来語の挿入母音については、第9章も参照しよう）。

この挿入母音を含む拍（プ、ス、ブ、フ、ト、ド）には、アクセント核を置きにくい、という一般傾向がある。そのため「プレ'ー、ステ'ー、ブル'ー、トラ'イ、ドラ'イ」となり、「×プ'レー、×ス'テー…」のようにはならない（ただし「ド'ラマ、ド'レス」のような例外もある）。

第10章　複合語のアクセント(1)

> この中高型が後部要素となって複合名詞がつくられると、「×フェア－プレー」のように基本パターンに従った型（-3型）ではなく、「フェア－プレー」のように、後部要素の核がそのまま保存され、-2型となる（例：ホーム－ステー、スカイ－ブルー、ナイス－トライ、フリーズ－ドライ）。
> これに対して、外来語以外の中高型では複合名詞後部が「サトー（砂糖）」のように語末が特殊拍の場合は、基本パターンどおり、-3型となる。
> 　プレー　　→　　フェア－プレー（フェアプレー）
> 　サトー　　→　　クロ－ザトー（黒砂糖）
> 単独形では、「プレー」と「砂糖」は同じような○○○というアクセント型を持っているのに、外来語かそれ以外かで、複合名詞になった場合のアクセントが違ってくる。

　外来語以外の場合でも、後部要素が3拍語でその本来のアクセントが中高型の場合には、東京方言では、そのアクセント型がそのまま複合名詞に保存される場合がある。しかしこれらは語によっては、規則的な-3型になる傾向も示している。

(19) 3拍語の後部要素が複合名詞に保存される場合（東京方言）
　　後部要素　　　　複合名詞全体のアクセント型
　　オデン　　→　　ミソ－オデン（味噌おでん）
　　カブカ　　→　　ヘーキン－カブカ（平均株価）
　　ウチワ　　→　　シブ－ウチワ 〜 シブ－ウチワ（新）（渋団扇）
　　タマゴ　　→　　ナマ－タマゴ 〜 ナマ－タマゴ（新）（生卵）

　特に後部要素が4拍語の中高型の語からなる複合名詞の場合には、それが複合名詞に保存されるケースは、（それが3拍語の場合よりも）東京方言では、はるかに多い。次の例を見てみよう。

(20) 4拍語の後部要素のアクセント型が複合名詞に保存される場合
　　後部要素　　　　複合名詞全体
　　ウグイス　　→　　ヤブ－ウグイス（藪鶯）
　　ムラサキ　　→　　アカ－ムラサキ（赤紫）

```
    ヤワラ'カ    →    モノ‐ヤワラ'カ（物柔らか）
                    （ただし、例外的なモノ‐ヤワ'ラカもある）
```

しかし東京方言ではこれにも例外があり、たとえば、(21)のように4拍語の後部要素が −2型 で、かつ語末が特殊拍の場合には、後部要素の中高型は、保存されないことも多い。その場合は、基本パターンの −4型 が現れる傾向がある。

(21) 後部が4拍語の場合の基本パターンになりやすい例
```
    後部要素                複合名詞全体
    ホーゲ'ン（方言）    →    チバ‐ホーゲ'ン（千葉方言）
                            ～チバ‐ホ'ーゲン
    ショーチュ'ー（焼酎） →    ムギ‐ジョーチュ'ー（麦焼酎）
                            ～ムギ‐ジョ'ーチュー
```

しかし東京方言の全体的な傾向としては、後部要素が3・4拍語で、しかもそれが単独で発音したときに中高型のアクセントを持っている場合に限って、後部要素のアクセント型がそのまま複合名詞に保存される場合がある。

この章では、東京方言の複合名詞アクセントの規則を見てきたが、東京方言では、複合名詞のアクセント型の決定に<u>後部要素の拍数・語種・アクセント型・語構成・音韻構造</u>などが大きく関わっていることがわかった。このように、東京方言の複合名詞は、「後部要素決定型」という一般傾向を持つ。

読書案内●（さらに知りたい人のために）

窪薗晴夫（1995）『語形成と音韻構造』　くろしお出版
　（日英語の複合名詞の構造（左枝分かれ、右枝分かれ）とアクセントの関係について明らかにした。その第2章には、多くの具体例をあげた解説がある。）
秋永一枝（編）（2010）『新明解日本語アクセント辞典』（CD付）　三省堂
　（その巻末に付いている「アクセント習得法則」は基本資料である。なお同

辞典は、この節の「1単位の複合名詞」のことを「結合名詞」と呼んでいるが、同じ意味である。）

杉藤美代子監修（1997）『日本語音声［2］アクセント・イントネーション・リズムとポーズ』三省堂
（ここに所収の上野善道・窪薗晴夫両氏の論文は参考になる。両氏には、他にも複合名詞に関連した論文が多くある。）

第10章／練習問題

1. 2語連続になりやすい複合名詞（1）

次の☐の中にある複合名詞のうち、2つのアクセント単位に分かれやすい（2語連続になりやすい）ものはどれか、指摘しよう。そして、それは次の（ア）（イ）のうちのどちらの理由によって2語連続になるのかを説明しよう。

　（ア）両要素が並列関係にある
　（イ）両要素が格関係にある

遺伝子組み換え	関東甲信越	原因究明
学校給食	受験対策	治安悪化
設備投資	名古屋方言	必要不可欠
職権乱用	ロケット打ち上げ	美男美女
冷静沈着	台風通過	事前点検
最終決定	議事録承認	学生割引
料金割引		

2. 2語連続になりやすい複合名詞（2）

次の☐の内の複合語は、すべて3つ以上の要素から成り立っている。このうち、内部に右枝分かれ構造を持つという理由のために、2つのアクセント単位に分かれやすい（2語連続になりやすい）ものはどれか、指摘しよう。

発砲スチロール箱	地方公共団体	安全保障条約
ガス基本料金	生涯学習センター	日焼け防止対策
内閣総理大臣	大相撲春場所	設備投資計画
安全対策本部	大手家具メーカー	検証結果報告

3. １単位の複合名詞のアクセント

　　東京方言では、以下の語はすべて、この章で述べた「１単位の複合名詞」の基本パターンに従う。もしそれが、基本パターンに従うとすれば、どのようなアクセント型になるだろうか。音調が高い部分に上線を引こう。

　　①コーモリ－ガ（蝙蝠＋蛾）、ナガヒゲ－ガ（長髭＋蛾）
　　②ハモグリ－バエ（葉潜り＋蠅）、シラミ－バエ（虱＋蠅）
　　③ゲンジ－ボタル（源氏＋蛍）、ウミ－ホタル（海＋蛍）
　　④ヒメ－ゴキブリ（姫＋ゴキブリ）、チャバネ－ゴキブリ（茶羽＋ゴキブリ）

4. 基本パターンの例外の理由

　　この章で見てきた東京方言の複合名詞の基本パターンに従うと、「マナツ'－ビ（真夏日）、カブト'－ムシ（兜虫）、カイギ'－シツ（会議室）」は、すべて前部要素の末尾に核が置かれて、「～日」で終わる複合名詞の場合は−２型、「～虫、～室」で終わる複合名詞は、−３型になることが予想される。ところが、次の複合名詞はその例外となっている。この例外は、どのような原因で生じたのだろうか。考えてみよう。

　　キケン－ビ（危険日）、ヨテー－ビ（予定日）、
　　　イワイ－ビ～イワイ－ビ（祝い日）
　　デンデン－ムシ（でんでん虫）ヨトー－ムシ（夜盗虫）、
　　　コメクイ－ムシ（米食い虫）
　　キヒン－シツ（貴賓室）ケショー－シツ（化粧室）、
　　　マチアイ－シツ（待合室）

　ヒント☞ 第７章「アクセントの単位」の（4）の例についての説明部分を参照しよう。

第11章 複合語のアクセント(2)

ポイント解説 複合語のアクセントの決定には、後部要素だけでなく前部要素が関与している方言もある。特に京都など式の対立のある方言では、前部要素が複合語全体の式になる「式保存」の法則がある。また、東京の複合動詞のアクセントの決定にも、古くは前部要素が関与していたことがある。

Keyword ▶複合名詞、式保存、複合動詞、山田の法則

基本編

11.1 式保存の法則

前章では東京方言の複合名詞アクセントを見てきたが、それでは京都をはじめとする式の対立がある方言の複合語のアクセントは、どのように決まるのだろうか。この章では、式の対立のある方言の中でも京都方言に焦点をあててみよう。

京都方言では、複合名詞・複合動詞とも、原則的に前部要素の式が複合語全体の式となる。次の例を見てみよう。なお、H0、L0などの（ ）内の記号は、型の種類を示す（型の記号の詳細については、第8章を参照）。

(1) 京都方言の複合名詞の場合（式保存の例）

ニコミ (H0) ＋ ウドン (H0) → ニコミ−ウドン（煮込みうどん）
カレー (L0) ＋ ウドン (H0) → カレー−ウドン（カレーうどん）
デンワ (H0) ＋ クチ (H0) → デンワ−グチ（電話口）
ジョーシャ (L0) ＋ クチ (H0) → ジョーシャ−グチ（乗車口）
シツケ (H0) ＋ イト (L0) → シツケ−イト（仕付け糸）
シシュー (L0) ＋ イト (L0) → シシュー−イト（刺繍糸）

（注：ただし京都では、「電話」をデンワ (H1) と発音する人もいる。また、「刺繍糸」を、シシュー−イト (L4) と発音する人もいる。また、

たとえばニコミ−ウドンの「−」の上に上線がないが、ミとウの間で低くなるのではない。ミとウは同じ高さでつながっている。以下すべて同じである。）

たとえば「ニコミ−ウドン」も「カレー−ウドン」も、その下がり目（核）は、同じ後部要素の第1拍目（ウドンのウの部分）に出現する。つまり核の置かれた位置は、両者とも同じである。しかしニコミウドンは、高く始まる「平進式」で、カレーウドンは低く始まる「上昇式」である（平進式、上昇式については第8章参照）。そしてこの式の違いは、複合語の前部要素の式によって決まる。

つまり京都方言の複合名詞には、その前部要素の式がそのまま保存されて出現する。このように複合語の前部要素の式が複合語全体の式になって現れることを、「式保存の法則」、あるいは単に「式保存」と呼ぶ。

京都方言の式保存は、その複合動詞のアクセントにも見られる。(2)の例から、複合動詞が平進式となるか上昇式となるかは、前部要素によって決定していることがわかる。

(2) 京都方言の複合動詞の場合

ハク（履く）(H0) ＋ オワル（終わる）(H0)	→	ハキオワル (H0)
ヨム（読む）(L0) ＋ オワル（終わる）(H0)	→	ヨミオワル (L0)
ハク（履く）(H0) ＋ ダス（出す）(L0)	→	ハキダス (H0)
ヨム（読む）(L0) ＋ ダス（出す）(L0)	→	ヨミダス (L0)

このように京都方言では、複合動詞のアクセントにも式保存の法則が成り立つ。

また、鹿児島方言を代表とする2型(にけい)アクセント体系や、奄美や沖縄に多く見られる3型アクセントの方言でも、前部要素の型が複合語に保存される場合が多い（鹿児島方言の複合語アクセント規則については、第5章を参照しよう）。この鹿児島方言などに典型的に見られる、前部要素が複合語の型の決定に関わるような複合語規則も、一般に「式保存」と呼ばれる場合が多い。

しかし、鹿児島方言のアクセント型のようなものを「式」とまったく

同じものと考えてよいかについては、慎重論もある。そのため、この鹿児島方言に見られる前部要素に関する規則についても、京都方言などの「式保存」とは区別して、たとえば「一般複合法則」など、別の名称を与えている場合もある。

> **Column.1　京都方言の式保存の例外**
>
> 　京都方言の式保存には、例外もいくらかある。特に上昇式が期待される複合名詞に平進式が現れる場合が多く、そのような例外は次のような条件で起こる。
>
> （1）前部要素が1拍の和語名詞で、上昇式の場合（単独で1拍語を発音する場合、京都ではこれを2拍に引き延ばし、「テー」のように発音することが多い）。
>
> 　　テー（L0）（手）＋カゲン（H0）（加減）
> 　　　→ テカゲン（H1）〜テカゲン（H2）〜テカゲン（L2）（手加減）
>
> （2）前部要素が2拍の和語名詞で、上昇式の場合
> 　　アサ（L2）（朝）＋ゴハン（H1）（ご飯）
> 　　　→ アサゴハン（H3）〜アサゴハン（L3）（朝ご飯）
>
> 　このような上昇式から平進式への転換は、特に年齢の上の世代のアクセントに多く、また古くからある単語に多い。
> 　これに対して、前部要素が平進式の場合は、この式保存の例外は少ない。その複合名詞が上昇式へ転換するという例は、たまにあるが散発的で、上記のような傾向が見られない。次のように、日常よく使う語や、悪い意味を持つ語などに、例がいくらか見られる程度である。
>
> 　　ミズ（H0）＋クルマ（H0）
> 　　　→ ミズグルマ（H3）〜ミズグルマ（L3）（水車）
> 　　アブラ（H1）＋ムシ（H0）→ アブラムシ（L3）（油虫）

　実は、「式の対立がない」ことがわかっている方言においても、後部要素ではなく、<u>前部要素の特徴が複合名詞全体のアクセント決定に関わる</u>ようなものもある。
　次の岩手県雫石方言は、その代表である。この雫石方言は、東京方言と同じ「n+1型」のアクセント体系を持っており、東京方言同様、そ

の名詞には無核のもの（⓪で示す）と有核のものとがある。しかし、東京方言と異なり、この方言では、原則的に前部要素が「無核か、有核か」が、複合名詞全体のアクセント型に継承されることが、(3)からわかる。

(3) 岩手県雫石方言における複合語

岩手県雫石方言（昇り核が弁別的な多型アクセント体系）

サラ⓪（皿）　＋　マワシ⓪（回し）　→　サラマワシ⓪（皿回し）
￣サル（猿）　＋　マワシ⓪（回し）　→　サルマ￣ワシ（猿回し）
ドブ⓪（溝）　＋　ネズミ（鼠）　→　ドブネズミ⓪（溝鼠）
￣ハリ（針）　＋　ネズミ（鼠）　→　ハリネ￣ズミ（針鼠）

　(3)から「サラマワシ（皿回し）」は無核（低く平らな型）で「サルマワシ（猿回し）」は有核であることがわかるが、このアクセントの違いはもっぱら前部要素が決定する。「皿」は無核の名詞なので、「皿回し」も無核となるが、「猿」は有核の名詞なので、「猿回し」も有核となる。

　このように前部要素が複合名詞アクセントの決定に関与している体系は、他にも、東北各地に報告されている。

　東京方言の複合名詞では、もっぱら後部要素の持つ特徴が複合語全体のアクセント決定に関与するという性質がある（第10章参照）。しかしこの章で見てきた京都方言や、鹿児島方言、雫石方言のように、前部要素の特徴が複合名詞全体の特徴の決定に深く関わっているような方言も、日本語諸方言の中には多い。

11.2　京都方言の複合名詞のアクセント

　さて、東京方言と京都方言の複合名詞アクセントを比較してみよう。

　単純語のアクセントでは、東京と京都は相違点が非常に多い。しかし複合名詞のアクセントとなると、両者はよく似てくる（ただし両者の顕著な違いは、京都方言の複合語には式保存がある、という点である）。

　第10章で見てきた東京方言の複合名詞の場合と同じように、京都の複合名詞も「2語連続」、「不完全複合名詞」、「1単位の複合名詞」の3

つのタイプに分かれる（この 3 種類の区別については、第 10 章を参照）。さらに、各タイプの出現条件も東京方言の場合とほぼ同じである。

・**2 語連続になる場合（京都）**

　前部要素、後部要素ともに、それらを単独で発音した際のアクセントが複合名詞にそのまま保たれ、その結果、アクセントの切れ目が内部に出現する「2 語連続」は、京都方言にも存在する。そして、それが出現する条件も、東京方言の場合とほぼ同じである。

　東京方言と同じく京都方言でも、「京都・奈良」「印度・パキスタン」のように、前部と後部が並列関係にある場合に 2 語連続がつくられやすい。また「格差是正」「事務所閉鎖」といった格関係にある場合にも、2 語連続となりやすい点も、東京と同じである（「並列関係」や「格関係」という用語の意味については、第 10 章を参照）。

(4)　2 語連続の場合（京都方言の場合）
　　キョート (H1) ＋ ナラ (H1) → キョート‐ナラ（京都・奈良）
　　インド (L2) ＋ パキスタン (H3)
　　　　　　　　　　→ インド‐パキスタン（印度・パキスタン）
　　カクサ (H1) ＋ ゼセー (L0) → カクサ‐ゼセー（格差是正）
　　ジムショ (L2) ＋ ヘーサ (L0) → ジムショ‐ヘーサ（事務所閉鎖）

　また、左枝分かれ構造の複合名詞は 1 つの山にまとまるが、右枝分かれ構造を内部に含む複合名詞は、2 語連続となりやすい、という点も東京方言と共通している。

(5)　2 語連続の場合（京都方言の場合）右枝分かれ構造
　　タンキ (H1) ＋ カイガイリューガク (H5)
　　　　　　　　　→ タンキ‐カイガイリューガク（短期‐海外留学）
　　ニホン (H1) ＋ スモーキョーカイ (H4)
　　　　　　　　　→ ニホン‐スモーキョーカイ（日本‐相撲協会）

ニホン（H1）＋ レキシガッカイ（L5）
　　　　　　　　→ ニホン–レキシガッカイ（日本–歴史学会）

・**不完全複合名詞になる場合（京都）**
　京都方言にも「不完全複合名詞」がある。その場合、「前部要素の核が削除される」という点も、東京方言と共通している。ただし京都方言では、式保存の法則があるため、原則的に前部要素の式がそのまま残されて平板化する。一方、後部要素のほうは、式も核もそのまま保存される。
　つまり京都方言の場合、前部要素が平進式か、上昇式か、という違いが複合名詞全体のアクセントの式となって残される点が、東京方言とは異なる。次の例を見てみよう。

(6) 不完全複合名詞（京都方言）
　a. 前部要素が平進式の場合
　　シミン（H1）＋カイギシツ（L3）
　　　　　　　　→ シミン–カイギシツ（市民会議室）
　　ミカン（H1）＋ヨーグルト（H3）→ ミカン–ヨーグルト
　b. 前部要素が上昇式の場合
　　チューオー（L2）＋カイギシツ（L3）
　　　　　　　　→ チューオー–カイギシツ（中央会議室）
　　ブルーベリー（L4）＋ヨーグルト（H3）
　　　　　　　　→ ブルーベリー–ヨーグルト

　「シミン（市民）」は平進式で第1拍目に核のある語なので、複合語にはその式の特徴は残されるが、「シ'ミン」のシの後にある核は消えてしまう。同じように、「チューオー（中央）」は上昇式の語なので、複合語全体も上昇式となるが、「チュー'オー」の2拍目にある核は、複合語には残されない。
　このように京都の不完全複合名詞では、前部要素がその式の特徴のみを複合語に残し、その核は消滅する（ただし後部要素が上昇式の場合、上の原則をやぶって、高い音調の山が1カ所にまとまり、1単位の複合

名詞にやや近づいた「チュ̄ーオーカイギシツ」のようになる場合もある)。

2語連続と不完全複合名詞の判別方法

Column 2

　東京・京都とも、ある複合名詞が「2語連続」なのか「不完全複合名詞」なのか判別が難しい場合がある。それは前部要素が無核の場合である。東京では、次の (a) のように、前部要素が平板型の場合に、2語連続か不完全複合名詞かがはっきりしない。

　　(a) アボカド⓪ ＋ ヨーグ̄ルト　→　アボカド-ヨーグ̄ルト

　2つの語を単に連続しても、前部のアクセントを消して後部のアクセント型を残しても、両方とも○○○○-○̄○○○○○となるからである。しかし、同じ後部要素からなる (b) が、同じような○○○○-○̄○○○○○となっていることから、(a) も、2語連続ではなく不完全複合名詞だろうということが判別できる。

　　(b) グレ̄ープ ＋ ヨーグ̄ルト　→　グレープ-ヨーグ̄ルト

　同じく京都でも前部要素が無核型の場合に、それが平進式であるか、上昇式であるかにかかわらず、2語連続か不完全複合名詞かがはっきりしない場合がある。(c) がその一例である。

　　(c) アボカド (H0) ＋ ヨーグルト (H3)　→　アボカド-ヨーグ̄ルト

　これも前部要素に有核の語がくる次のような複合語を見ることによって、どちらか判別できる。

　　(d) グレ̄ープ (L2) ＋ ヨーグルト (H3)　→　グレープ-ヨーグ̄ルト

　「グレ̄ープ (L2)」を前部要素に持つ (d) の例を見ると、これが不完全複合名詞であって2語連続ではないことがわかる。もし2語連続だとすると、「×グレ̄ープ-ヨーグ̄ルト」のようになることが予測されるが、実際にはそうなっていないからである。

　同じく京都方言の例 (e) も、どちらか不明である。ふたつの語「ヒダリ (L0)」と「ジンゴロー (H0)」を並べただけでも、同じ結果となるからである。

　　(e) ヒダリ (L0) ＋ ジンゴロー (H0)　→　ヒダリ-ジンゴロー (左甚五郎)

　しかし、この (e) は2語連続である。それは、同じ後部要素からなるが前部が有核の例 (f) を見ることによって推理できる。

　　(f) タナ̄カ (L2) ＋ ジンゴロー (H0)　→　タナ̄カ-ジンゴロー (田中甚五郎)

　この (f) では、前部、後部ともその単独の場合のアクセントを保持し、その結果アクセントの切れ目が、前部要素と後部要素の境界部分に出現して

> いる。
> 　このように、東京でも、京都でも、前部要素が平板型（無核型）の場合に、どのタイプの複合名詞かが判別しにくい場合があるが、そのような場合は、同じ後部要素を持っていて、前部が起伏型（有核型）の複合名詞をつくってみるとよい。

・1単位の複合名詞になる場合（京都）

　東京方言と同様、京都方言でも、前部、後部ともに、その本来のアクセントの特徴が消え、あらたに特定の場所にアクセント核をつくることによって1つの単位にまとまる「1単位の複合名詞」がある。

　不完全複合名詞の場合と同様、1単位の複合名詞も、その式については式保存（前部要素の式を引き継ぐ）が成り立つのが原則である。次の(7)の例のように、前部要素がミタラシ（H0）のように平進式の場合は、複合名詞も「○○○○-ダンゴ」のように平進式となり、それがヨモギ（L0）のように上昇式の場合は、複合名詞も「○○○-ダンゴ」のように上昇式になる。

(7) 1単位の複合名詞（京都方言）
　a. 前部要素が平進式の場合
　　　ミタラシ（H0）＋ダンゴ（L0）
　　　　　　　　　　　　→　ミタラシ-ダンゴ（H5）（みたらし団子）
　　　シシ（H1）＋オドリ（H0）→　シシ-オドリ（H3）（獅子［鹿］踊り）
　b. 前部要素が上昇式の場合
　　　ヨモギ（L0）＋ダンゴ（L0）→　ヨモギ-ダンゴ（L4）（蓬団子）
　　　アワ（L2）＋オドリ（H0）→　アワ-オドリ（L3）（阿波踊り）

　この後部要素の「団子（L0）」や「踊り（H0）」という語は、もともと無核なので、(7)の複合名詞の後部要素の1拍目に出現している下がり目（核）は、後部要素の核がそのまま残されたものではないことがわかる。つまりこの核は、あらたにつくられたものである。

　このあらたにつくられる核（下がり目）がどの位置にくるかについて

は、第10章で扱った東京方言の場合とほぼ同じである。つまり次のような原則が成り立つ。

(8) 1単位の複合名詞の最も生産的なアクセント型（京都方言）
　(a) 後部が1拍の場合： −2型
　　　マナツ (H0) ＋ ヒ (H1) → マナツ−ビ (H3)（真夏日）
　　　キコク (L0) ＋ ヒ (H1) → キコク−ビ (L3)（帰国日）
　(b) 後部が2拍の場合： −3型
　　　ワラビ (H1) ＋ モチ (H0) → ワラビ−モチ (H3)（蕨餅）
　　　ヨモギ (L0) ＋ モチ (H0) → ヨモギ−モチ (L3)（蓬餅）
　(c) 後部が3拍の場合： −3型
　　　チカラ (H1) ＋ シゴト (H0) → チカラ−シゴト (H4)（力仕事）
　　　ハタケ (L2) ＋ シゴト (H0) → ハタケ−シゴト (L4)（畑仕事）
　(d) 後部が4拍の場合： −4型
　　　ニシ (H0) ＋ ヨコズナ (H0) → ニシ−ヨコズナ (H3)（西横綱）
　　　シン (L0) ＋ ヨコズナ (H0) → シン−ヨコズナ (L3)（新横綱）

つまり、東京方言の場合と同じく、京都方言の「1単位の複合名詞」にも、次のような原則がある。

(9) 1単位の複合名詞の性質（京都と東京に共通）
　a. かならず起伏型になる。（核が出現する。）
　b. その核は、後部要素が1・2拍の場合は前部要素の末尾拍に、後部要素が3・4拍の場合は後部要素の初頭拍に置かれる。

唯一の違いは、京都方言には2種類の式の違いが複合名詞にもあるという点である。たとえば、「チカラ−シゴト (H4)（力仕事）」は平進式なのに対して、「ハタケ−シゴト (L4)（畑仕事）」は上昇式である。この2つの語のアクセントは、東京方言では両方とも「チカラ−シゴト」「ハタケ−シゴト」のように、同じアクセント型になる。

Column 3 どちらかに分類できない複合名詞—京都方言の場合

第10章のコラム3では、東京方言の複合語のうち、「不完全複合語」か「1単位複合語」かが明確に区別できないケースがあることを述べた。たとえば「海外ドラマ」、「歓迎パーティー」のような複合語である。これらは、そもそも後部要素が「ドラマ」、「パーティー」のようなアクセントを持っているため、その後部アクセントのもとの核がそのまま複合語に保存されたものなのか（つまり「不完全複合語」なのか）、複合語の基本パターンに従って後部要素の第1拍目にあらたに核が置かれたのか（つまり「1単位の複合語」なのか）が、判別できない。

これと同じようなことは京都方言でも言える。京都でも、これらの後部要素は「ドラマ (H1)」「パーティー (H1)」のようなアクセント型を持つので、次の「海外ドラマ (H5)、外国ドラマ (L5)、歓迎パーティ (H5)、祝賀パーティー (L4)」などの複合名詞が、不完全複合語なのか、1単位の複合語なのかはわからない。

カイガイ (H1) ＋ ドラマ (H1) → カイガイ-ドラマ (H5)
ガイコク (L0) ＋ ドラマ (H1) → ガイコク-ドラマ (L5)
カンゲー (H0) ＋ パーティー (H1) → カンゲー-パーティー (H5)
シュクガ (L0) ＋ パーティー (H1) → シュクガ-パーティー (L4)

これらの複合名詞は、後部要素のもともとのアクセントがそのまま残されても、基本パターンに従って新たに「ドラマ」や「パーティー」の第1拍目に核が置かれても、いずれも同じようなアクセント型になってしまうからである。

ところが京都方言では、前部要素が上昇式の場合に限って、その複合語が「不完全複合語か、1単位の複合語か」が、そのアクセント型からはっきり判定できる場合がある。たとえば、次の不完全複合語の例を見てみよう。

ブルーベリー (L4) ＋ ヨーグルト (H3)
　　　　　　　　　　　　　　→ ブルーベリー-ヨーグルト
ウイーン (L2) ＋ フィルハーモニー (H3)
　　　　　　　　　　　　　　→ ウイーン-フィルハーモニー
ミカンセー (L2) ＋ コーキョーキョク (H4)
　　　　　　　　　　　　　　→ ミカンセー-コーキョーキョク

「ブルーベリー-ヨーグルト」は、その表面の音調型「○○○○○○-○○○○○」から、「1単位の複合語」ではないことは明らかである。もしそう

ならば、後部要素の型（H3）が完全に消滅し、式保存によって複合語全体が上昇式になって、たとえば「×ブルーベリー-ヨーグルト」のようなアクセント型が生じるはずだからである。

つまり「ブルーベリー-ヨーグルト」の例は、後部要素ヨーグルトの型がそのまま複合語に残されたものである――つまりこれは「不完全複合語」である――ことが、はっきりとわかる。

ただし、京都方言では後部要素が4拍以下の場合は、原則的に次のように1単位の複合語になることが多い（発展編の11.3を参照）。

アカ（L2）＋ムラサキ（L2）　→　アカ-ムラサキ（赤紫）

そのため後部が5拍以上の場合に比べて、はっきりと判別できる場合が少なくなるが、次のように明らかに不完全複合語と判断できるような例も、中にはある。

アカ（L2）＋イセエビ（H2）　→　アカ-イセエビ（赤伊勢海老）

発展編

11.3　東京と京都の複合名詞のアクセント
――複合名詞の核の有無と位置の比較

このように、複合名詞の核の有無とその位置は、東京と京都で一致する場合が多い。しかし両者の複合名詞の核の位置には、違いがある場合もある。最も顕著な相違点は、後部要素が3拍語・4拍語の中高型の場合に生じる（中高型という用語については、第9章参照）。

後部要素が中高型の場合、東京では後部要素のアクセントが保存されて、不完全複合語となることが多いということは、すでに第10章で見た。第10章の(19)の「ミソ-オデン（味噌おでん）」や「ヘイキン-カブカ（平均株価）」などがその典型例である。

しかし、京都では、その後部要素の中高型のアクセントは保存されず、複合名詞全体が「1単位の複合語」となってしまう場合が多い（ただし、京都の比較的若い世代では、東京と同じ下降位置になることもある）。

次の例を東京と京都で比較してみよう。

(10) 京都方言と東京方言の複合名詞の違い―後部が3拍中高型の場合

東京：ニコミ (0) ＋ オデン → ニコミ-オデン（煮込みおでん）
京都：ニコミ (H0) ＋ オデン (L2) → ニコミ-オデン（多い）
　　　　　　　　　　　　　　　　　　ニコミ-オデン（少ない）

東京：ヘーキン (0) ＋ カブカ → ヘーキン-カブカ（平均株価）
京都：ヘーキン (H0) ＋ カブカ (H2) → ヘーキン-カブカ（多い）
　　　　　　　　　　　　　　　　　　　　ヘーキン-カブカ（少ない）

東京：フェア ＋ プレー → フェア-プレー（fair play）
京都：フェア (H1) ＋ プレー (L2) → フェア-プレー（多い）
　　　　　　　　　　　　　　　　　　フェア-プレー（少ない）

　つまり京都では、(9) の「1単位の複合名詞」の優勢な型が、東京方言よりも厳密に当てはまる場合が多く、後部要素が3拍語の場合は、たとえそれが中高型であっても -○'○○ となることが多い。
　同じことが、後部要素が4拍語の場合にも言える。後部が4拍語の複合名詞も、たとえその後部要素が中高型であっても、(9) の原則に従って -○'○○○ となることが、京都方言では多い。次を見てみよう。

(11) 京都方言と東京方言の複合名詞の違い―後部が4拍中高型の場合

東京　ヤマト ＋ ナデシコ → ヤマト-ナデシコ（大和なでしこ）
京都　ヤマト (H1) ＋ ナデシコ (L2) → ヤマト-ナデシコ (H4)

東京　アカ ＋ ムラサキ → アカ-ムラサキ（赤紫）
京都　アカ (L2) ＋ ムラサキ (L2) → アカ-ムラサキ (L3)

　なお、現代の京都の若い世代のアクセントは、東京の影響を受けており、複合語の核の位置も東京に近づいている。そのため、ヤマト-ナデシコのようなアクセント型も聞かれることがある。

> **column.4 京都方言に起こったアクセント変化と複合名詞のアクセント**
>
> おそらく京都でも、現代の東京方言と同じく、複合語に後部要素の中高型が多く保存された時期があったと思われる。しかし、京都方言では、幕末期以降に3拍語・4拍語の多くが、次のような変化を遂げてしまった。
>
> 　$\overline{○○○}$→$\overline{○○}○$　（オモテ→オモテ［表］）
> 　$\overline{○○○○}$・$\overline{○○○}○$→$\overline{○○}○○$　（マンジュー→マンジュー［饅頭］、
> 　　　　　　　　　　　　　　　　オトトシ→オトトシ［一昨年］）
>
> このような変化がきっかけになって、複合語でも –○'○○、–○'○○○が優勢になったものと思われる。
>
> また、前部要素が1拍で、後部要素が3・4拍の複合名詞の場合にも、東京と異なるアクセントが現れることがある。この場合、基本編の(9)から予想されるアクセント型は、$\overline{○}$-$\overline{○○○}$、$\overline{○}$-$\overline{○○○○}$（平進式の場合）、あるいは○-$\overline{○○○}$、○-$\overline{○○○○}$（上昇式の場合）である。
>
> しかし京都の、年齢が上のほうの世代については、前部要素の末尾に核がある、$\overline{○}$-$○○○$、$\overline{○}$-$○○○○$という型も現れる。たとえば「葉桜」は、予測どおりだと「ハザクラ」だが、その他に「ハザクラ」と発音する人が、上の年代層には存在する。他にも、「目薬」が「メグスリ」でなく、「メグスリ」となったり、「身ごしらえ」が「ミゴシラエ」ではなく、「ミゴシラエ」のようになったりする人がいる。
>
> 実は、このような複合名詞の前部要素の末尾に核が置かれたアクセント型も、江戸時代以前の古い複合語アクセントの残存だと考えられている。

11.4　東京方言の複合動詞のアクセント

さて、このように<u>前部要素が複合語のアクセントの決定に関わる</u>という特徴は、実は東京方言にもある（あった）。東京方言の複合動詞のアクセントがそれである。

東京方言には、「動詞連用形＋動詞」の複合動詞のアクセント（終止・連体形）には、古くは、前部要素と複合動詞のアクセントが逆転する、という、一風変わった規則があったことがわかっている。

次の具体例を見てみよう。

(12) 東京方言の複合動詞アクセント（古）
　　a.　カ゚ク　＋　スギ゚ル　　→　　カ‾キ‾–スギル（古）（書き–過ぎる）
　　b.　カ゚ク　＋　オワル⓪　→　　カ‾キ‾–オワル（古）（書き–終わる）
　　c.　カウ⓪　＋　スギ゚ル　→　　カ‾イ‾–スギル（買い–過ぎる）
　　d.　カウ⓪　＋　オワル⓪　→　　カ‾イ‾–オワル（買い–終わる）

　古い東京方言のアクセントでは、(12a)(12b)のように、前部要素が起伏型（きふくがた）の場合は、複合動詞全体は平板型（へいばんがた）となり、反対に(12c)(12d)のように、前部要素が平板型の場合は、複合動詞全体は起伏型であった。

> **Column 5　強調的な意味を持つ複合動詞の前部要素保持**
>
> 　この他東京方言の古いアクセントでは、上の規則に従わない例外的な複合動詞が少数あった。次のようなものである。
>
> 　　オソ゚レル（起伏）＋ イル（⓪）（平板）→ オ‾ソ‾レ–イル（恐れ入る）
> 　　タタ゚ク（起伏）＋ コロス（⓪）（平板）→ タ‾タ‾キ–コロス（叩きころす）
> 　　イタメ゚ル（起伏）＋ ツケ゚ル（起伏）→ イ‾タ‾メ–ツケル（痛めつける）
>
> 　これは、前部要素が起伏型の動詞の場合に、その核（下がり目の位置）を生かして、後部要素のアクセントを消してしまうもので、強調的な意味を持つ複合動詞に多いとされる。
>
> 　その際、前部要素に出現する核は、「オソ゚レル、タタ゚ク、イタメ゚ル」といったその動詞の連用形の核の位置を示す。これはたとえば「いつもオソ゚レ、遠ざけてきた」や「タタ゚キに行く」のような文の、下線部の核の位置と考えてよい。

　つまり、複合動詞のアクセントは、前部要素のアクセントとちょうど逆になるわけだ（なお、起伏型の場合、一般の動詞と同じく、核位置は語末から数えて2拍目にある）。これは明治の文学者、山田美妙（びみょう）が発見したため、「山田の法則」と呼ばれることがある。

> **Column 6　山田美妙のアクセント研究**
>
> 　山田美妙（1868–1910）は文学者として有名だが、アクセント研究の先駆者として非常に重要な仕事を残している。『日本大辞書』（1892–93）という日本初の東京アクセント記号付き国語辞典を編纂し、その付録「日本音

調論」でアクセントに関する考察を行っている。

　山田以前には江戸・東京アクセントの記録は皆無だったから、山田の記述・考察はすべて独創であり、画期的なものだった。辞書本体の東京アクセントは、SPレコードなどわずかな量の録音資料から帰納できる情報を除けば、明治期唯一の記録である。

　考察内容は、アクセントの本質論、動詞・形容詞の活用・派生に伴うアクセント交替、母音の無声化とアクセントの関係など、多岐にわたっているが、その中でも、複合動詞のアクセント規則が、特に後の研究者に注目され、「山田美妙の法則」(通称「山田の法則」)と呼ばれることになった。

　複合動詞アクセントの記述は、前部要素が1拍の場合に不十分な点があるが、2拍＋2拍に関しては明快で、それより長いものも妥当である。山田のアクセント研究は、独創的であったが故に、当時の人々には理解されず、その真価が認められるようになるのは没後のことである。

　しかし現在の東京ではこの規則は消失傾向にあり、複合動詞は前後の要素のアクセントとは無関係に、起伏型となる傾向にある。そのため、「カキ‒スギル(書き過ぎる)、カキ‒オワル(書き終わる)」は、現代では「カキ‒スギル(新)、カキ‒オワル(新)」のほうがふつうである。

　古いタイプから新しいタイプへの変化は、長い・いくらでもつくり出せる複合動詞から始まり、短い・日常よく使う複合動詞に徐々に広がっている。そのため、たとえば「書き過ぎる(起伏型＋起伏型)」や「書き終わる」は、比較的早く起伏型に変化して、カキ‒スギル、カキ‒オワルとなったが、「落ち着く(起伏型＋起伏型)」や「見抜く(起伏型＋平板型)」などは、その変化が遅れている。「オチ‒ツク(0)、ミ‒ヌク(0)」のように平板型で発音する人が、今でも東京には存在する。

11.5　1単位の複合語規則の類型論—後部決定型と前部決定型

　第10章と本章では、東京方言と京都方言の複合名詞・複合動詞のアクセントについて述べてきた。今のところ情報は少ないが、ここで全国諸方言についてまとめてみよう。

　日本語諸方言における複合名詞アクセントは、大きく分けて、以下の

(a)〜(c)の3つのタイプに分類できる。

(13) 日本語の複合名詞アクセントのタイプ
- (a) 前部決定型の方言：鹿児島を代表とする九州西南部2型アクセント。奄美・沖縄の2型・3型アクセントの多く。
- (b) 後部決定型の方言：東京を含む、京阪式の東西に分かれて分布する方言の一部（広島市、石川県金沢市など）。
- (c) 前部と後部の両方が関わる方言：京都を代表とする京阪式の諸アクセント。東北地方の方言の一部（青森市・岩手県雫石町など）。

複合動詞については、複合名詞に比べてさらに情報が少ないが、全国的に見て前部決定型が比較的多いようである。たとえば(2)で例示したように、京都方言の複合動詞の型は、もっぱら前部要素によって決まる（$\overline{\text{ハキオワ}}$ル（履き終わる）(H0)、ヨミ$\overline{\text{オワ}}$ル（読み終わる）(L0)等）。

その他に、前部要素と後部要素の両方が複合動詞のアクセント型の決定に関与するタイプの方言として、高知市や徳島市の南部のほうの方言が知られている。以下は高知方言の例である。

(14) 高知方言における複合動詞
a. 連用形（中止法）$\overline{\text{ヤ}}$リ (H1) ＋$\overline{\text{オワ}}$ス (H0) → $\overline{\text{ヤ}}$リオワス (H1)
   連用形（中止法）$\overline{\text{ヤ}}$リ (H1) ＋$\overline{\text{ナオ}}$ス (H1) → $\overline{\text{ヤ}}$リナオス (H1)
b. 連用形（中止法）ノ$\overline{\text{ミ}}$ (L0) ＋$\overline{\text{オワ}}$ス (H0) → ノ$\overline{\text{ミオワ}}$ス (L0)
   連用形（中止法）ノ$\overline{\text{ミ}}$ (L0) ＋$\overline{\text{ナオ}}$ス (H1) → ノ$\overline{\text{ミナオ}}$ス (L3)

(14a)の例からわかるように、高知方言では、前部要素が有核であればその前部要素の式と核が両方とも複合動詞に継承される（この場合は、前部要素だけが、複合動詞のアクセント決定に関与する）。

これに対して(14b)の例のように、前部要素が無核の場合には、前部要素の「式」が複合動詞全体の式となり、後部要素の「核」が、複合動詞の核の位置を決める。つまり高知方言では、前部要素が無核の場合に限って、前部要素と後部要素の両方の情報が、複合動詞のアクセント

決定に関わっているのだ。

> **読書案内**（さらに知りたい人のために）
> 中井幸比古編著（2002）『京阪系アクセント辞典』勉誠出版
> 　（京都方言のアクセント全般を知る上での基本的な参照文献である。複合語の具体例も多く載っているので、データ収集にも役立つ。）

第11章／練習問題

1. 東京と京都の「不完全複合名詞」のアクセント

　　以下の①、②は、東京でも京都でも「不完全複合名詞」になる。各要素のアクセントは次のようであるが、①、②の複合名詞は、それぞれ東京と京都でどのようなアクセント型になることが予想されるか。

　　　①ビンボー‒モノガタリ（貧乏物語）
　　　　東京：ビンボー（貧乏）、モノガタリ（物語）
　　　　京都：ビンボー（貧乏）、モノガタリ（物語）
　　　②ウタ‒モノガタリ（歌物語）
　　　　東京：ウタ（歌）（助詞が付くとウタガ）、モノガタリ（物語）
　　　　京都：ウタ（歌）、モノガタリ（物語）

2. 京都方言の複合名詞のアクセント

　　次の□の中にある京都方言の単純語の型と式についての情報をもとにして、京都方言で（a）から（u）までの複合名詞のアクセントがどうなるか推理し、それぞれの単語の拍の高い部分に○のように上線を付けてみよう（H1、L0などの記号の読み方については、第8章を参照）。また、それぞれの単語の持つアクセント型を、たとえばH3、L4などのように、記号で答えよう。

> **ヒント** これらの複合語は、すべて「1単位の複合名詞」の原則に従う。その核（下がり目）の位置については、この第11章の（8）、（9）を参照。

(a) 鼬退治(○○○ - ○○○)　(b) 狐退治(○○○ - ○○○)
(c) 針鼠(○○ - ○○○)　(d) 家鼠(○○ - ○○○)
(e) ドブ鼠(○○ - ○○○)　(f) 椿餅(○○○ - ○○)
(g) 黄粉餅(○○○ - ○○)　(h) 庭仕事(○○ - ○○○)
(i) お役所仕事(○○○○ - ○○○)　(j) 都踊り(○○ - ○○○)
(k) 裸踊り(○○○ - ○○○)　(l) 祇園祭り(○○○ - ○○○)
(m) 屏風祭り(○○○ - ○○○)　(n) 月見団子(○○○ - ○○○)
(o) 黍団子(○○ - ○○○)　(p) 蝙蝠蛾(○○○○ - ○)
(q) 長髭蛾(○○○○ - ○)　(r) 葉潜り蠅(○○○○ - ○)
(s) 虱蠅(○○○ - ○○)　(t) 姫ゴキブリ(○○ - ○○○○)
(u) 茶羽ゴキブリ(○○○ - ○○○○)

タイジ(H1)(退治)	イタチ(H1)(鼬)	キツネ(L0)(狐)
ネズミ(L0)(鼠)	ハリ(L0)(針)	イエ(H1)(家)
ドブ(L2)(溝)	モチ(H0)(餅)	ツバキ(L2)(椿)
キナコ(H1)(黄粉)	シゴト(H0)(仕事)	ニワ(H0)(庭)
オヤクショ(L0)(お役所)	オドリ(H0)(踊り)	ミヤコ(H0)(都)
ハダカ(L0)(裸)	マツリ(H0)(祭り)	ギオン(H0)(祇園)
ビョーブ(L0)(屏風)	ダンゴ(L0)(団子)	ツキミ(H1)(月見)
キビ(L2)(黍)	コーモリ(H1)(蝙蝠)	ナガヒゲ(L0)(長髭)
ガ(H0)(蛾)	ハモグリ(H2)(葉潜り)	シラミ(L0)(虱)
ハエ(H0)(蠅)	ヒメ(H1)(姫)	チャバネ(L0)(茶羽)
ゴキブリ(L0)(ゴキブリ)		

第12章 アクセントの歴史を知る

ポイント解説 アクセントの歴史を考えるときに、欠かすことのできないものに、「アクセント類別語彙」がある。「類別語彙」とは、諸方言のアクセントに見られる「型の対応」を観察しながら導き出した語彙のリストのことを言う。類別語彙のそれぞれの「類」が、諸方言でどのような統合の仕方をしているかを調べると、諸方言の系統関係やそれぞれの方言のたどってきた歴史を推理することができる。また、諸方言をこの類の統合の観点から分類する方法もある。

Keyword ▶アクセントの型、類の統合、アクセント類別語彙、中央式、垂井式、讃岐式、真鍋式、東京式、外輪式、祖語、祖形、比較方法、アクセントの再建

基本編

12.1 アクセントは変化する──アクセントの類別語彙とは

　子音や母音などの音韻が変化するように、アクセントも時間が経つと変化する。この章では、アクセントはどのように変化して現在の姿になったのか、またアクセントの歴史を考えていくにはどんな方法があるのかについて、考えてみよう。

　アクセントの歴史を考えていく上で欠かすことができない"道具"に、「アクセント類別語彙」がある。この語彙は、各方言がどのような歴史をたどって成立したのかを示す、リトマス試験紙のようなもので、この語彙を使ってアクセントの類の統合の状態を調べれば、それぞれの方言がどのような歴史的経緯で現在のような姿に至ったのかを推理することができる。また、類別語彙の類の統合の仕方をもとに方言アクセントを分類する方法は、諸方言の系統を知る上で重要な手がかりとなる。

　この類別語彙は、古い文献に記されたアクセントの記録と、現代諸方言アクセントの記述研究の結果との、両者を総合してつくられたものである。この章では、現代の方言アクセントの「型の対応」という点を中心に、「アクセント類別語彙」はどのようにつくられたのかを見ていく

ことにしよう。

12.2　方言アクセントの型の対応

　ここでは、方言アクセントの歴史を考える上で基本となる「型の対応」という概念について考えてみよう。まず、2拍名詞の和語を任意に選んで、以下の語のリスト（あいうえお順）をつくってみる。

(1) 和語を中心にした語彙のリスト

　　　秋、足、汗、飴(あめ)、雨、息、池、石、糸、犬、牛、歌、馬、海、枝、
　　　桶(おけ)、音、帯(おび)、顔、蔭(かげ)、傘(かさ)、風、肩、紙、川、口、声、酒、猿、島、
　　　空、竹、月、鶴(つる)、鳥、夏、波、箱、橋(はし)、箸、鼻、花、春、舟、冬、
　　　町、松、窓、水、道、耳、村、山

　この (1) のリストにあげられた語について、これから、京都方言と東京方言のアクセントの現れ方を整理していこう。

　実際の手続きは、次のように行う。まず、京都方言でアキ〜アキガ、アシ〜アシガなどのように、(1) のそれぞれの語の単独形のアクセントと、それに助詞が付いたときのアクセントを記録する。同じように東京方言でも、アキ〜アキガ、アシ〜アシガのように、各語のアクセント型を記録する。その後、京都と東京の両者における各語のアクセント型を比較することによって、(1) にリストされた語をいくつかにグループ分けしていく。

・型の対応の例（Aグループ）─京都方言と東京方言

　京都方言では、「飴」という単語はアメ〜アメガというアクセント型で現れる。京都でこの「飴」という語と同じアクセント型で出現するものを (1) のリストの中から選んでみると、「飴、牛、枝、顔、風、口、酒、竹、鳥、箱、鼻、水、道」などが見つかる。一方、東京方言では、「飴」はアメ〜アメガというアクセント型で現れる。東京でも、この語と同じ型で出る語を (1) の中から探すと「飴、牛、枝、顔、風、口、酒、竹、鳥、箱、

第12章　アクセントの歴史を知る　183

鼻、水、道」がある。これは、京都で見つかった語彙とぴったり一致する。すなわち、アメ～アメガ（京都）対アメ～アメガ（東京）という対応があるのだ。このような関係は、「飴」という１つの語だけに見られるのではなく、他にもたくさんの語に見られる。言い換えると、「京都で◯◯▽と発音するものは、東京では◯◯▽で発音される」とまとめることができる。

このように２つ以上の方言間で型の所属語彙が一致しているような場合、その方言間のアクセントには「型の対応」が見られると言う。つまり、京都方言の◯◯▽型と東京方言の◯◯▽型は「型の対応」関係にある。この関係を示したものが（2）である（このような型の対応関係にある語彙を、今、仮に「Aグループ」と呼んでおこう）。

(2)「飴、牛、枝、顔、風…」のアクセント（京都と東京）

京都　　　　　　　　　東京
◯◯～◯◯▽　　　　　◯◯～◯◯▽

Aグループの所属語彙：飴、牛、枝、顔、風、口、酒、竹、鳥、箱、鼻、水、道

このように、ある方言の特定の型と、別の方言の特定の型が「対応関係」にある場合、一方の方言のアクセント型がわかれば、もう一方の方言の型も予測できる。たとえば「姉（アネ）」という語は（1）のリストには含まれていないが、これは京都方言でアネガ（姉が）と発音されているので、おそらく東京方言ではアネガと発音されるだろう、というような予測ができる（実際にそうである）。これとは反対に、東京のアクセント型をもとにして、それが京都でどのような型で出現するかを予測することもできる。両者のアクセント型は「１対１」の規則的な対応をしているからである。

こうした規則的な型の対応関係にあるAグループの仲間の和語は、上述の「姉」だけでなく「蟻、烏賊、梅、海老、籠、蟹、壁、雉、霧、釘、首、腰、皿、爪、星」など、他にもたくさんある。

・型の対応の例（Bグループ）―京都方言と東京方言

　同じく、京都方言と東京方言を使って、別の対応関係も見てみよう。
　京都では、「足」という語は、アシ～アシガのように頭高型で発音される。このように頭高型で発音する語は、(1) のリストの中では、「足」以外にも「池、石、犬、歌、馬、音、紙、川、島、月、夏、波、橋、花、冬、町、耳、村、山」などがある。一方、東京では、「足」はアシ～アシガのように尾高型で発音される。これと同じ尾高型アクセントで発音される語を (1) から探すと「池、石、犬、歌、馬、音、紙、川、島、月、夏、波、橋、花、冬、町、耳、村、山」が見つかる。これらの語は、京都方言のものとぴったり一致している。すなわち、京都の○○～○○▽と東京の○○～○○▽は、型が対応していることになる。
　これは (3) のようにまとめられるが、このような型の対応を示す語彙を「Bグループ」と呼んでおこう。

(3)「足、池、石、犬、歌、馬…」のアクセント（京都と東京）

　　　　京都　　　　　　　　　東京
　　○○～○○▽　　　　　○○～○○▽

　　Bグループの所属語彙：足、池、石、犬、歌、馬、音、紙、川、島、月、
　　　　　　　　　　　　　夏、波、橋、花、冬、町、耳、村、山

　こうした型の対応関係に基づき、片方のアクセントからもう一方のアクセントを予測することができる。たとえば、今ここにあげられていない語「胸」は、東京ではムネ～ムネガのようにこのBグループの語と同じ型で現れる。ここからこの語は、京都方言では、ムネ～ムネガで現れることが予想できる。実際にその現れ方を見ると、予想通りこの型で発音される。つまりBグループの語についても、東京のアクセント型がわかれば、京都のアクセント型もわかる。また、それと逆に、京都の型がわかれば東京の型もわかる。両者は1対1の対応関係にあるからである。
　このBグループの仲間に入る和語は他にも多くあり、「網、泡、芋、岩、

第12章　アクセントの歴史を知る

腕、裏、鍵、草、組、倉、栗、米、塩、次、年、墓、肘、昼、幕、雪、綿」など、いろいろあげることができる。

・型の対応の例（C、Dグループ）―京都方言と東京方言

　これまで（2）と（3）で述べた京都と東京の例は、すべて1対1の「型の対応」をしていた。そのため、京都の型から東京の型を、東京の型から京都の型を、それぞれ推理してあてることができた。これに対して、次のような関係も見られる。

　（1）のリストの中の「息、糸、海、帯、傘、肩、空、箸、舟、松」などの語は、京都では、たとえばイ‾キ～イキ‾ガ（息）のように発音される。一方、東京では、すべてが‾イキ～‾イキガのように頭高型で発音される。

　これに対して「秋、雨、桶、蔭、声、琴、猿、鶴、春、窓」などの語は、京都ではアキ～アキ‾ガ（秋）のように発音されるのだが、東京では、‾イキ「息」の持つアクセント型と同じように、‾アキ～‾アキガのようになる。

　以下、「息、糸、海」などをCグループ、「秋、雨、桶」などをDグループと呼んで、これらの関係をまとめると（4）のようになる。

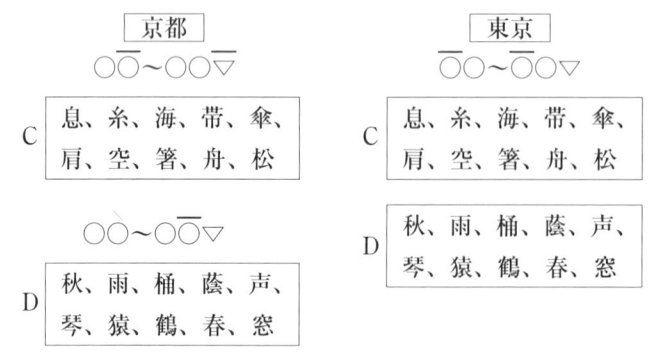

（4）「息、糸、海…」「秋、雨、桶…」のアクセント（京都と東京）

京都

○‾○～○○‾▽

C　息、糸、海、帯、傘、肩、空、箸、舟、松

○○～○‾○▽

D　秋、雨、桶、蔭、声、琴、猿、鶴、春、窓

東京

‾○○～‾○○▽

C　息、糸、海、帯、傘、肩、空、箸、舟、松

D　秋、雨、桶、蔭、声、琴、猿、鶴、春、窓

Cグループの所属語彙：息、糸、海、帯、傘、肩、空、箸、舟、松
Dグループの所属語彙：秋、雨、桶、蔭、声、琴、猿、鶴、春、窓

　つまり、京都方言ではCグループの語彙とDグループの語彙は、そ

れぞれ○̄○̄〜○̄○̄▽と ○○̄〜○○̄▽のように2つの異なるアクセント型で現れるが、東京方言ではこれらはすべて1つのアクセント型(○̄○〜○̄○▽)にまとまってしまい、CグループとDグループの区別がない。つまりこれは、2対1の対応関係である。

このような2対1の対応関係にある場合には、京都のアクセント型から東京のアクセント型を予想することはできるが、その逆はできない。たとえば、(1)のリストには存在しない「稲」という語は、京都ではイ̄ネ〜イ̄ネガと発音されるので、これはCグループの語であることがわかる。このことから、この語は東京では○̄イネ〜○̄イネガと現れることが予想される(実際にそうなっている)。

これに対して、東京のアクセント型をもとに、京都でどのような型で出現するかは予測できない。たとえば、東京で○̄○〜○̄○▽という型で出現する「杖」(ツ̄エ〜ツ̄エガ)は、京都でどの型で出るかは、この東京の情報だけからは、予測できない。(4)の対応関係によれば、東京で○̄○〜○̄○▽型で出現する語は、京都では○̄○̄〜○̄○̄▽型で出るかもしれないし、○○̄〜○○̄▽型で出るかもしれない。つまり京都の「杖」は、ツエ̄〜ツエ̄ガとツエ〜ツエ̄ガの2通りの可能性がある(実際には前者のツエ̄〜ツエ̄ガなのだが、これは、東京方言の情報だけをもとにして予測することはできない)。

・型の対応まとめ(京都方言と東京方言をもとに)

以上述べた、京都方言と東京方言のアクセントの型そのものに成り立つ関係をまとめると、(5)のようになる。

(5) 京都と東京の型の対応

語彙グループ	京都	東京
A	○̄○̄〜○̄○̄▽ ────	○○̄〜○○̄▽
B	○̄○〜○̄○▽ ────	○̄○〜○̄○▽
C	○○̄〜○○̄▽	○̄○〜○̄○▽
D	○○〜○○̄▽	

第12章 アクセントの歴史を知る

12.3　全国各地のアクセントの型の対応

次に、京都や東京から遠く離れた、高知、広島、大分、鹿児島の例を取り上げてみよう。(6) は、これらの方言で、すでに見てきた A、B、C、D のグループの語が、それぞれの方言で、どのようなアクセント型で出現するかをまとめたものである（ここでは助詞付きの型だけをあげる）。

B グループを、b1 と b2 の下位区分に分けなければならないことは、後で説明する。

(6) 高知、広島、大分、鹿児島に間に見られるアクセントの型の対応

		高知方言	広島方言	大分方言	鹿児島方言
A		￣○○▽	○○▽	○￣○▽	○￣○▽
B	b1	￣○○▽	￣○○▽	￣○○▽	
	b2			○￣○▽	
C		○￣○▽	￣○○▽	￣○○▽	○￣○▽
D		○￣○▽			

A グループの所属語彙：飴、牛、枝、顔、風、口、酒、竹、箱、鼻、水、道
B グループの所属語彙：
　　　　　　　　　　b1：石、歌、音、紙、川、夏、橋、冬、町、村
　　　　　　　　　　b2：足、池、犬、馬、島、月、波、花、耳、山
C グループの所属語彙：息、糸、海、帯、傘、空、箸、舟、松
D グループの所属語彙：秋、汗、雨、桶、蔭、声、猿、鶴、窓

この (6) を見てまずわかることは、四国の高知方言のアクセントが、京都方言のアクセントと似ている、という点である。高知と京都は、A、B、C、D のグループに属する各語がほとんど同じで、きれいな「型の対応」を示している。高知が京都と違うのは、C グループに属す語の示すアクセント型の形である。このグループは、京都方言では○○￣▽となるのに対して、高知方言では○￣○▽のような型で現れる。

一方、広島方言のアクセント体系は、A、B、C、Dのグループの現れ方が、東京方言のものに、とても似ている。両者の違いは、主としてAグループの音調型で、東京では○̄○̄▽のように平板型で発音されるものが、広島では平らな型（○○▽）で現れる。

　さて、大分方言のアクセントについては説明がいる。大分のA、C、Dグループの所属は、東京のそれと一致するが、Bグループについては、大分では2つのグループに分かれていることが（6）からわかる。その片方は○̄○̄▽で現れ、この方言のAグループと同じアクセント型で出現している。しかし、そのもう一方は、独立して、○○̄▽型で現れる。以下、このBグループの中の2つの下位グループのことを、「b1、b2グループ」と呼ぶことにしよう。

　大分方言と同じく鹿児島方言でも、Bグループの語は2つに分かれる。ここで肝心なことは、大分の2つのグループ（b1、b2）の所属語彙とまったく同じ語彙が、鹿児島でも2つのグループに分かれていることである。

　鹿児島でも、b1の「石、歌、音、紙、川…」などの語彙は、大分と同じようにAグループと同じアクセント型で出現している。これに対してb2の「足、池、犬、馬、島…」などは、鹿児島では、大分と違って単独では独立せずに、そのC、Dグループの語彙と同じアクセント型となって出現している。

　第5章で述べたように、鹿児島方言はどんなに名詞が長くなっても2つの型しか持たない「2型アクセント体系」を持っているが、その2つの語群の分かれ方は、「A、b1」と「b2、C、D」のようになっている。

　Bグループが、このようにb1とb2という2つの下位区分にさらに分かれるのは、大分や鹿児島などの九州の方言だけではない。すでに第2章や第4章の発展編で取り上げた青森県弘前方言でも、Bグループが同じような分かれ方をしている。実は、このような類の合流のしかたを遂げている方言は、弘前方言にとどまらず、東北地方（青森、秋田、岩手、宮城北部）や新潟県に広く観察され、また愛知県三河から静岡県西部、島根県出雲地方などにも存在している。このようなBグループの分かれ方は、日本列島に広範囲に見られる特徴と言える。

第12章　アクセントの歴史を知る

12.4　比較によって得られたグループ

　ここまで、いくつかの方言のアクセントを「比較」することによって、(1) であげた和語の 2 拍名詞を A、b1、b2、C、D という 5 つのグループに分割してきた。
　今度は、この 5 つのグループがどのようにそれぞれの方言で型にまとまっているか、見てみよう（以下、「／」は、そこで型の区別が分かれていることを示し、「・」は、その間が合流していることを示す）。

(7)　諸方言に見られるアクセント型の対応の仕方

　　　東京、広島：　　A ／ b1・b2 ／ C・D
　　　京都、高知：　　A ／ b1・b2 ／ C ／ D
　　　大分：　　　　　A・b1 ／ b2 ／ C・D
　　　鹿児島：　　　　A・b1 ／ b2・C・D

　こうした諸方言の対応関係によって推定された語彙のグループがある、ということは、いったい何を示すのだろうか。まずこれは、遠い過去において、和語の 2 拍名詞には、お互いにアクセント型によって区別される 5 つの語彙のグループが存在していたことを示す。さらにこれは、その 5 つのグループを各方言がそれぞれ違ったやり方で統合させながら、現在の姿に変化してきた、ということも示す。
　さて、上述の A、b1、b2、C、D という 5 つのグループを、諸方言の比較に基づいて導くことができた、ということは、現在、実際に話されている方言のアクセントの姿から、過去のアクセントの特徴の一部を「推定する」ことができるということを意味する。つまりこれまで (5) や (6) で見てきた京都、東京、高知、広島、大分、鹿児島のアクセントの現在の姿から、これら諸方言が分かれる前の祖先のことばには、アクセント型の数がいくつあったのかを、推定したことになる。
　東京方言だけではわからなかったこと（たとえば、C と D のグループの区別があったこと）が、京都方言と比較することでわかった。また、京都や東京だけを見ていただけではわからなかったこと（B グループが

2つの異なるグループ（b1、b2）に分かれていたことなど）が、大分や鹿児島の方言と比較することでわかった。

このようにして、日本語方言の祖先のことばには、5つのアクセント型で区別される語彙のグループが存在していた、という結論までたどり着いた。

ただ、ここで推定できたのは、その祖先のことばにアクセント型のグループが5つ存在していた、ということだけである。その5つのそれぞれのアクセント型が具体的にどんな型を持っていたかを推定する方法については、発展編の「比較方法と祖形の再建」で見ていくことにしよう。

12.5　類別語彙と類の統合

さて、このようにして諸方言の比較によって得られた5つのグループを「類」と呼んでいる。また、各類に属する語彙を「類別語彙」と呼んでいる。これまで見てきた2拍語の語彙のグループのうち、Aグループは第1類、b1グループは第2類、b2グループは第3類、Cグループは第4類、Dグループは第5類と呼ばれている。次が、そのリストである。

(8) 2拍名詞の類別語彙
　　　第1類：飴、牛、枝、顔、風、口、酒、竹、箱、鼻、水、道
　　　第2類：石、歌、音、紙、川、夏、橋、冬、町、村
　　　第3類：足、池、犬、馬、島、月、波、花、耳、山
　　　第4類：息、糸、海、帯、傘、空、箸、舟、松
　　　第5類：秋、汗、雨、桶、蔭、声、猿、鶴、窓

(7) で推定した5つの語彙群は、この「類」という概念を使って、(9)のように書き換えることができる（数字は類を示す）。

(9) 諸方言に見られる類の統合の仕方
　　　東京、広島：1／2・3／4・5
　　　京都、高知：1／2・3／4／5

大分：　　　１・２／３／４・５
鹿児島：　　１・２／３・４・５

　この５つの類の区別がすべてある１／２／３／４／５のような体系は、「第１次アクセント」と呼ばれる。これに対して、１／２・３／４／５や１・２／３／４／５など、どこか１か所だけが統合している体系は「第２次アクセント」と呼ばれる。東京方言の１／２・３／４・５はさらにそれから統合を遂げているので、このような方言のことを「第３次アクセント」と呼ぶ。

12.6　その他の類別語彙

　２拍名詞に関しては、比較方法によって、第１類～第５類までの５つのグループを建てることができた。これと同様の方法で、１拍名詞についても第１類～第３類の３つの類があることがわかっている。また３拍名詞については第１類～第７類までの類があったことが推定されている（ただし、３拍名詞については、方言間できれいな対応関係が見られないことも多く、特にその第３類のように、独立した類としては不確かで、後に見直しが行われたものもある）。

　動詞については、２拍動詞では第１類、第２類の２つの類、３拍動詞は５段動詞については第３類までが推定されている。また、形容詞については、３拍形容詞は、第１類～第２類がたてられている。

　なお、「アクセント類別語彙」は国語学会編『国語学大辞典』（東京堂出版）に、その全体を表のかたちで見ることができる。

発展編

12.7　類の統合による方言グループの分類

さて、これまでに和語の2拍名詞には5つのグループが存在していたことがわかった。そして諸方言は、(9)にあるような類の統合を遂げながら現在のような姿に変わってきたことを確認してきた。ここでは、この「類の統合」のあり方によって、方言アクセントが分類でき、その分類に基づいて諸方言の系統や変化が推定できることを見ていこう。

・第1次アクセント

さて、はたして5つの類のすべてが区別されている「第1次アクセント」は、現実にどこかに存在するのだろうか。実は昭和40年に、香川県観音寺市伊吹島という瀬戸内海に浮かぶ島で、第1次アクセントが現存していることが、香川大学の学生によって発見された。それまでは、第1次アクセントは、先ほど見てきた方言の比較によって理論的に推定されただけのものであったが、5つの類を区別する方言が、現実に見つかったのである。

その伊吹島の2拍名詞のアクセント型は、第1類○̄○̄、第2類○̄○̄、第3類○̄○̈、第4類○̄○、第5類○○̄のようなものである。この方言には、「アクセント核」の他に、第8章で説明した「式」が3種類もあり（第8章を参照）、日本で最も複雑なアクセントの1つとも言える。現時点において、この伊吹島に匹敵する第1次アクセントの新たな発見はなく、伊吹島方言は、国宝級の価値を持つ珍しい方言と言える。

> **Column 1　アクセント類別語彙の推定をささえる文献**
>
> 2拍名詞では、比較方法によって、第1類から第5類までのグループが推定されたが、それは方言アクセントの比較だけから導いたのではない。実はその他に、文献から得られたアクセントの情報によっても例証される。むしろ現在の「類別語彙」は、かなり文献からの情報を重視してつくられたもので、方言の実態がそれを補っている、と言ってもよいくらいである。類別語彙を

第12章　アクセントの歴史を知る

支える重要な文献の中には、次のようなものがある。
- 『類聚名義抄』(るいじゅみょうぎしょう)(11世紀末頃成立)和訓に付された声点と言われる点の位置がアクセントの高さを示す。
- 『四座講式』(しざこうしき)(13世紀初め頃成立か)真言密教、声明の譜(しょうみょうふ)(節博士(ふしはかせ))が当時のアクセントを反映すると言われる。
- 『補忘記』(ぶもうき)(1687年出版)真言宗新義派の論議の読み癖の名目集。節博士が付く。
- 『平家正節』(へいけまぶし)(18世紀中成立か)平曲の譜本、「上・一」などの墨譜(ぼくふ)。

この他多くの文献があるが、ここでは紹介しきれない。なお、ここにあげた文献は、京都方言の古いアクセントの姿を反映しているもので、日本語諸方言の祖先のことばのアクセントを示しているのでないことに、注意すべきである。

・**中央式アクセント**

京都方言や高知方言のアクセントは、1／2・3／4／5のような類の統合を遂げた第2次アクセントである。このうち、第1、2、3類は現在の平進式（Hの記号で示す）であり、第4、5類は上昇式（Lの記号で示す）である（平進式、上昇式の区別については、第8章を参照）。

(10) 京都タイプ（中央式アクセント）

第1類	H0	$\overline{\bigcirc\bigcirc}\triangledown$
第2・3類	H1	$\overline{\bigcirc}\bigcirc\triangledown$
第4類	L0	$\bigcirc\bigcirc\overline{\triangledown}$
第5類	L2	$\bigcirc\overline{\bigcirc\triangledown}$

これらは、日本列島の比較的中央部に分布しているので「中央式アクセント」と呼ばれている（「京阪式」とも呼ばれるが、このことばは曖昧に使われることが多いので、諸方言の歴史をアクセントの型の対応に基づいて議論するときには、「中央式」のほうを使用するほうがよい)。

・**垂井式(たるい)アクセント**

一方、京都などに存在する平進式、上昇式の「式」の対立を失なって

しまった方言もある。これは「垂井式アクセント」と呼ばれ、第 1 類と第 4 類が統合していることが大きな特徴である。(10) の中央式の「式」の特徴、すなわち H と L の区別がなくなると、次のような体系になる。ここでは、第 1、4 類が両者とも ⎯○○▽ になっていることに注目しよう。

(11) 垂井式アクセント
　　　第 1 類　　　　⎯○○▽
　　　第 2・3 類　　　○⎯○▽
　　　第 4 類　　　　⎯○○▽
　　　第 5 類　　　　○○⎯▽

すなわちこの方言では、第 1 類と第 4 類が合流し、1・4／2・3／5 のような類の統合を遂げている（これは、厳密には「垂井式 C」と呼ばれている）。これは、京都などの中央式 1／2・3／4／5 から、その第 4 類が第 1 類に統合することによって生じたと考えられている。また、系統的にも中央式に最も近いものである。

「垂井式」の命名のもとになったのは岐阜県垂井町であるが、現在この垂井町では、第 1、4 類が ⎯○○▽（または ○⎯○▽）で統合している上に、第 2、3 類と第 5 類もさらに統合して ○⎯○▽ という型になっている。つまり、1・4／2・3・5 である。これは前に述べた「垂井式 C」からさらに統合が進んだもので、「垂井式 B」と呼ばれる。

・**讃岐式アクセント**
　讃岐式アクセントとは、1・3／2／4／5 のような類の統合を遂げた方言のことを言う。香川県を中心とした地域に存在するので「讃岐式」と言うが、徳島県の一部や愛媛東部一帯にも分布している。
　これも中央式と同じような第 2 次アクセントである。讃岐式は第 2 類と第 3 類の区別を保っている、という点で、中央式 1／2・3／4／5 とは大きな違いがあるため、中央式とは系統が異なる第 2 次アクセントである、と推定できる。中央式で統合した第 2 類と第 3 類が再び第 3 類だけが分かれて、第 1 類と合流して讃岐式を形成することは原則ありえ

ない。いったん統合した類は、よほどの外的影響がないかぎり、もとにもどらないのである。

・**その他のアクセント**

　その他にも1・5／2／3／4のような類の統合を遂げた第2次アクセントがある。これは岡山県の瀬戸内海の島である真鍋島で最初に発見されたので、「真鍋式」と呼ばれ、岡山県や香川県の瀬戸内海の島々に広く分布している。また、岡山県日生町寒河には1／2・4／5／3のような珍しい類の統合を遂げたアクセント体系も発見されている。

・**「東京式アクセント」ということばのあいまいさ**

　東京方言の類の統合の仕方は、1／2・3／4・5で、一般にこのような統合の仕方を遂げたものを「東京式」アクセントと呼んでいる。しかし、さきにあげた大分方言を代表とする1・2／3／4・5のような体系も、「東京式アクセント」または「外輪東京式アクセント」と呼ばれることがある（この1・2／3／4・5は、東北や、三河・遠州、福岡・大分、島根・鳥取の一部などに分布しており、東京式を取り巻くように分布しているので、外輪式と言う）。

　しかし、1／2・3／4・5の体系と、1・2／3／4・5の体系は、方言の系統関係の観点から言えばまったく異なるものである。いったん第2類と第3類が統合して1／2・3／4・5となってしまったら、そこから1・2／3／4・5が生じることは不可能である。すでに合流した第2類と第3類の区別を、また復活させることはできないからである。また逆に、1・2／3／4・5（大分方言タイプ）から、1／2・3／4・5（東京方言タイプ）が生じることも不可能である。

　したがって、東京タイプの体系と大分タイプの体系は、系統上は1つにまとめることができないものである。よって大分や東北に分布する1・2／3／4・5を「東京式」と呼ぶのはやめて、単に「外輪式」と呼ぶのがよい。

12.8　比較方法と祖形の再建

　アクセントの「比較研究」とは、インド・ヨーロッパ語族の言語の比較研究によって発達した「比較言語学」の方法を、日本語諸方言アクセントの歴史研究にも用いるものである。

　「比較再建」とは、現実の言語の語形どうしを比較しながら、祖先のことばのそれぞれの語の元の形を復元し、さらにそれをもとにして、諸方言の変化を考えていく作業である。その推定された元の形のことを「祖形」と呼ぶ。諸言語や諸方言に観察された音形やアクセント型に基づいてその祖形を導き、さらにそれらがどのような体系を持っていたのか推定することを「再建」と言う。また、そのようにして推定された言語体系のことを「祖語」あるいは「祖体系」と言う。

　祖形を再建するには、まず比較の対象となる言語や方言どうしが「系統が同じ（＝親戚関係）」であるとわかっていることが前提となる。さらに比較再建には、「語源が同じ」だとすでにわかっている語の語根どうしを比較する必要がある。日本語の方言どうしは、日本語の「親戚」どうしであることがすでにわかっている。また「足」「息」「胸」などの基本的な和語は、互いに同源の語であることも自明である。

　しかし、琉球方言と本土の日本語諸方言とを比較するときには、比較する語どうしの選択に特に配慮が必要である。たとえば、本土方言のキモ「肝臓」と沖縄方言チム「心」は、互いに意味と音形がかなり違ってはいるが、比較の対象とすることができる。なぜならこれらは同じ語源の語だからである。アクセントの比較は、こうした語源が同じだとわかっている語に見られるアクセントの形どうしで行う。たとえば京都方言の<u>キ</u>モと沖縄方言の<u>チ</u>ムを比較しながら、その祖形を推定していくのである。

　比較方法は、原則として（12）のようなモデルが基本となっている。

(12)　比較方法のモデル

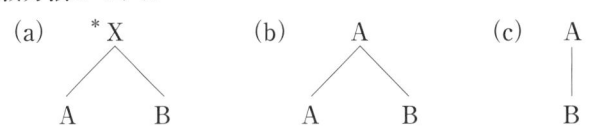

　　　(a)　*X　　　　(b)　A　　　　(c)　A
　　　　　／＼　　　　　　／＼　　　　　　｜
　　　　 A　B　　　　　 A　B　　　　　　B

Aという形とBという形を比較して、共通の祖形として最もふさわしいXを推定する。この祖形は現実に観察されたものではなく、あくまで「推定されたもの」である、という意味で、アステリスク「*」を前につけ、*Xのように（たとえば*アシのように）示す決まりになっている。また、祖形からA、Bそれぞれへの変化は、*X＞Aや*X＞Bのように、不等号記号（＞）で表すことになっている。

　(12b)のように、想定した祖形*XがAと同じ形になるときは、単純にA＞Bのような表し方をすることもある。しかし、「比較方法」の考え方では、常に仮想の*Xがあり、この場合は、それがたまたまAという形と一緒になったと見る。祖形として、現存のAを立てるかBを立てるか、あるいはAでもBでもない第3の形Xを立てるかという3つの可能性を考えるのではない。

　ある祖形*Xを推定する際には、(a) その祖形から現在の音形に変化する際の音変化が起こりやすい変化であるか、(b) 想定された祖体系（祖形が形作る全体像）が現実にあり得るものであるか、などを考慮する必要がある。(a) で述べた音変化の起こりやすさとは、人間の音声器官の使い方の側面から説明できる—つまり音声学的な理由に裏付けられた原因がある—ことが多い。また、これまでに知られているいろいろな言語変化の事例から、経験的にその妥当性を判断していくという場合も多い。

　さて、京都と東京のアクセントを比較しながら、具体的にその祖形のアクセント型を導き出す試みを行ってみよう。Aが京都方言のアクセント型で、Bが東京方言のそれである。

(13) アクセントの祖形の再建

```
              *X   *アシ～*アシガ
              ╱╲
           A            B
      アシ～アシガ      アシ～アシガ
```

　AとBの二つの祖形としては、*アシ、アシ（低平）など、他にもいろいろな形が考え得るのだが、最もふさわしい祖形は*アシ～*アシガ

(足)のような形である。このような判断を行う際には、「アクセント変化の起こりやすさ」が関わってくる。祖形が*アシ～*アシガだとすると、そこからBのアシ～アシガが生じる際に、高さの山が１拍分、後ろのほうにずれるような変化が起きたことが想定できる。実はこのような変化は現実にいろいろな方言で実際に起こっており、「起こりやすいアクセント変化」であることがわかっている。これに対して、逆方向の変化(つまり*アシ～アシガ＞アシ～アシガになるような変化)は、まれにしか起こらない。つまり、高い音調の山が後ろのほうにずれるほうが、逆方向の変化より、自然な変化なのである。

実は、推定された祖形の型*アシ～*アシガは、現代の京都で観察されているAの型と同じものである。このような場合、*X＝A（祖形XはAと同じ形、あるいはAに至って変化なし）ととらえて、単純にA＞B、すなわち、「京都のような形から、東京の形が生じた」と表現してもよい。

このようにしながら祖形を再建していくと、そこからどのような変化が、どのような順番で生じて、現実の言語や方言の形に至ったのかを説明することも可能になる。

日本語の祖語のアクセント体系はいったいいくつの型から成り立っていて、それぞれの型がどのようなアクセントを持っていたのか、また、諸方言の間の系統関係はどうなっているのか、ということを、アクセントを通じて推理して導き出していくことができるのである。

読書案内（さらに知りたい人のために）

金田一春彦（2005）『金田一春彦著作集　第７巻』、『同　第８巻』、『同　第９巻』
　玉川大学出版部
　　（この分野の第一人者による著作。文献資料と方言資料の両方を扱いながら、
　　平易なことばで書かれている。情報満載。）
徳川宗賢（1981）『日本語の世界８　言葉・西と東』　中央公論社
　　（アクセントの比較方法についてわかりやすく書かれている。全国アクセント
　　の系譜を地理的な近さを考慮して組み立てた点が特色。）

第12章／練習問題

1. 「類」の推定

　次の2拍名詞は、京都、東京、鹿児島方言で、それぞれ次のような型で出現する。これは、2拍名詞の類別のうち、どの類に属す語であろうか。この3つの方言の情報をもとにして、推理してみよう。

	京都	東京	鹿児島
(1) 袖（そで）	○̄○̄〜○̄○̄▽	○○〜○○̄▽	○̄○〜○̄○▽
(2) 色（いろ）	○○̄〜○○̄▽	○○̄〜○○̄▽	○○̄〜○○̄▽
(3) 痣（あざ）	○̄○̄〜○̄○̄▽	○○̄〜○○̄▽	○̄○〜○̄○▽
(4) 味噌（みそ）	○○̄〜○○̄▽	○̄○〜○̄○▽	○○̄〜○○̄▽
(5) 鍋（なべ）	○○̄〜○○̄▽	○○̄〜○○̄▽	○̄○〜○̄○▽
(6) 親（おや）	○○〜○○̄▽	○̄○〜○̄○▽	○̄○〜○̄○▽
(7) 羽（はね）	○○̄〜○○̄▽	○○〜○○̄▽	○̄○〜○̄○▽
(8) 板（いた）	○○̄〜○○̄▽	○̄○〜○̄○▽	○○̄〜○○̄▽
(9) 旗（はた）	○○̄〜○○̄▽	○○̄〜○○̄▽	○̄○〜○̄○▽
(10) 婿（むこ）	○○〜○○̄▽	○○〜○○̄▽	○○〜○○̄▽

2. 「類」の系譜

　次の2拍名詞の類別の合流の仕方のうち、1／2・3／4／5から発生したと考えられ<u>ない</u>ものはどれだろう。

(1) 1・5／2・3／4　　　(2) 1／2・3／4・5
(3) 1・4／2・3／5　　　(4) 1・3／2／4／5
(5) 1・2・3／4・5　　　(6) 1・4／2・3／5
(7) 1／2／3・4・5

第13章 アクセントと音韻

ポイント解説 アクセントと音韻は関係が深い。東京方言の場合、特に特殊拍と母音の無声化が問題となる。特殊拍も、無声化した母音も、アクセント核を担うことができないため、その下降の位置が、原則としてその前の母音に出現するという傾向がある。日本語の方言の中には、これら特殊拍以外に、母音が「狭いか、広いか」がアクセントの出現の仕方と関係する方言があるが、これは母音の広狭が関係するアクセントの「条件変化」の結果、生じたものである。

Keyword ▶特殊拍、母音の無声化、狭母音、母音の広狭とアクセント

基本編

13.1 アクセントと音韻

「音韻」ということばには、「狭い意味」と「広い意味」がある。「狭い意味の音韻」とは、母音や子音など、いわゆる「語音」(segments) と呼ばれるものを指す。「広い意味の音韻」とはこの「語音」に「アクセント(高さアクセントと強さアクセント)」、場合によっては「長さ」を含んだものを指す。

ここでは、この狭い意味での「語音(音韻)」に焦点をあて、それがアクセントの現れ方にどのように影響を与えるか、詳しく見ていこう。

13.2 特殊拍の再検討

特殊拍とアクセントとは関係が深い。特殊拍は、第7章で触れたこと以外にも、ピッチの現れ方に関して特殊なふるまいをする。ここではその特殊拍のふるまいについて、さらに詳しく検討しよう。

・東京方言の句音調による上昇と特殊拍

まず、「サンポ、トーフ、ナイショ、オット」など、特殊拍を含む音節から語が始まっているような場合を考えてみよう。それらの語を単独で発音すると、東京方言ではそこに句音調(第4章参照)が現れ、「サンポ、トー

フ…」のように、第1拍目が低く始まって第2拍目から上昇することが期待される。ところがこのように特殊拍を内部に含む音節から語が始まる場合、この句音調による上昇は、次の（a）のように現れる場合が多い。

(1) 特殊拍を含む音節から始まる語の句音調の出現パターン

	(a) ふつうの場合		(b) ゆっくり発音した場合
	サ̄ンポ	～	サン̄ポ
	ト̄ーフ	～	トー̄フ
	ナ̄イショ	～	ナイ̄ショ
	オット̄	～	オット̄

　このように第2拍目が特殊拍の語は、「サ̄ンポ、ト̄ーフ…」のようにいきなり出だしの拍から高く現れることがふつうである。ただし、その最初の音節が促音を含む特殊拍のときは、逆に上昇が遅れて「オット̄」のようになる。促音の場合、ゆっくりとした発音でも、ふつうの発音でも、上昇が遅れるようである。
　特殊拍を含んだ音節が最初にくると、句音調の現れ方がこのように変則的になる。

・東京方言の下降と特殊拍

　すでに第7章の（4）でも見たように、たまたま規則によって特殊拍の位置にアクセント核が置かれることになったような場合にも、その特殊拍は変則的なピッチパターンで現れる。
　特殊拍は、「その直後にピッチの下降を出現させることができない」という性質を持つために、その前の音節主母音―つまり特殊拍の属している音節の中心となる母音―の直後に、下降が生じることが多い。このことは、第7章の(4)で、「〜海」と「〜式」で終わる複合語で検討したとおりである（例：「ア̄リアケカイ（有明海）」「カ̄スピカイ（カスピ海）」対「ニホ̄ンカイ（日本海）」「チチュ̄ーカイ（地中海）」）。
　ここでは別の例として、東京方言の起伏型の3拍動詞のアクセントの場合を見てみよう。

第13章　アクセントと音韻

(2) 3拍動詞のピッチの下降の違い

(a) 語末から2つ目が　　(b) 語末から2つ目が
　　ふつうの拍の場合　　　　特殊拍の場合
　　オ ヨ̄ グ　（泳ぐ）　　　 ト̄ー ル　（通る）
　　タ タ̄ ク　（叩く）　　　 モ̄ ー ス　（申す）
　　ツ ク̄ ル　（作る）　　　 ハ̄ イ ル　（入る）
　　フ ト̄ ル　（太る）　　　 マ̄ イ ル　（参る）
　　ヤ ス̄ ム　（休む）　　　 カ̄ エ ル　（帰る）

　ここでも、(b)のように、語末から2つ目の拍が特殊拍の場合は、特別なピッチパターンとなっていることがわかる。

　特殊拍を持たない語の場合は、「オ ヨ̄ グ」のように、原則的に語末から2つ目の拍にアクセント核がくるのだが、それが特殊拍の場合は、その核の置かれた拍に下降が現れず、代わりにその直前の拍（つまり音節主母音）に下降位置を移動させる。そのため「通る、入る」は、×ト ー̄ ル、×ハ イ̄ ルではなくト̄ ー ル、ハ̄ イ ルとなっている。ここでも、特殊拍の代わりに、それを含む音節の音節主母音に、ピッチ下降の位置が移動していることがわかる（また「帰る」の /ae/ のような母音連続を持つものも、同様のふるまいを見せている）。

13.3　母音の無声化とアクセント

　東京方言をはじめとする多くの方言には、「母音の無声化」という現象がある（第7章も参照）。母音の無声化は、方言によって現れないところもある。

> **母音の無声化が起こりやすい方言・起こりにくい方言**
>
> 　日本語諸方言の中には、母音の無声化が起こりやすい方言と起こりにくい方言がある。無声化が起こりやすいのは関東、奥羽南部、北陸、出雲、九州、沖縄地方などで、それ以外の東海、関西、中国、四国地方などは起こりにくい。
> 　たとえば東京方言の場合、「k̥isi（岸）、s̥uki（好き）、hi̥kui（低い）、

huku（服）」の最初の拍の狭母音 /i/ や /u/、あるいは「hakusai（白菜）、se:ka<u>cu</u>-hi（生活費）、go:ka<u>cu</u>-sja（合格者）、sinsa<u>cu</u>-ken（診察券）」などの語中の下線部の拍の中心にある母音 /i/ や /u/ は、どれも無声化して発音される。

　これに対してたとえば京都方言では、これらは無声化せずに発音される。しかし京都では無声は全然ないかというと、k̄usa（草）、h̄ito（人）は無声化を起こす。母音が無声化していながら、高く聞こえるのは不思議であるが、無声化した第1拍目で喉の筋肉が緊張し、また次の2拍目の子音も緊張した子音になっているため、聴覚的にはそう聞こえるしくみになっている。そして kusa の sa、hito の to の拍の内部で鋭く下降して、一気に低くなることも関係している。

　「パスタ」という単語の発音を観察してみよう。無声化がよく現れる人では、p-a-s-u-t-a のスの母音 /u/ の発音のときに、声帯の振動が止まって、s の息が漏れているだけである（喉骨のすぐ上あたりに指先をあてて確かめることもできる）。この現象が母音の無声化である。それに対して、無声化を持っていない人は、スの母音 /u/ で声帯が振動するはずである。

Column 2　なぜ母音の「無声化」なのか

　無声化が行われていても、口の構えは母音を響かせているときと同じになっている。たとえば「キシ（岸）」「クシ（串）」の「キ、ク」の母音が無声化しても、この区別は保っている。また日本語は、基本的には、（子音-母音）（子音-母音）（子音-母音）というように、子音と母音が1つずつ含まれる音節が連続するような構造を成している。したがって「パスタ」のスや「飽きた」のキのところにも、もともと母音が存在していると見なしたほうが、音節構造という観点からも統一のとれた分析ができる。

　そうしたさまざまな理由から、ここではパスタのスの母音 /u/ やアキタのキの母音 /i/ は、頭の中にはちゃんと存在していて、ある条件のときだけに声帯の響きをなくして「無声化する」、と考えるのだ。

　このように、無声化は、本来母音の持っている声帯の振動がなくなることを示すが、その無声化が起こる条件には、大きく分けて2つある。まず、無声化を起こす母音自体は、/i/ や /u/ のような狭母音であるこ

第13章　アクセントと音韻

とが第1条件である（これらは、/a/、/e/、/o/ などの比較的広い母音と比べると、口の中の空き間が狭くなっているので「狭母音」と呼ばれている）。

　次に、その狭母音が、前後を無声子音に挟まれているということが、第2の条件である。たとえば「パスタ」p-a-s-u-t-a では、狭母音 /u/ が、/s/ と /t/ という2つの無声子音に挟まれた格好になっている。

　さて、すでに第7章で見てきたように、無声化した母音には高さの山が実現しない傾向がある。たとえば、「ナガノ－シ（長野市）、ヒロシマ－シ（広島市）、ウツノミヤ－シ（宇都宮市）」などの語のアクセントからわかるように、「市」で終わる地名はその直前にアクセント核が置かれ（ナガノ'－シ、ヒロシマ'－シ、ウツノミヤ'－シ）のようにその核の直後に下降が現れるのが原則だ。しかし次の例では、そうならないことが多い（以下、無声化した母音を「キ」のようにその下にドットを付けて示す）。

(3) 無声化を含む音節のピッチの下降の違い

　　　　ふつうの発音　　　　　ゆっくりとした発音
　　　　ナガサキシ　　　〜　　ナガサキシ　　（長崎市）
　　　　タカマツシ　　　〜　　タカマツシ　　（高松市）

　東京方言では、ゆっくりと丁寧に発音しない限り、「ナガサキシ、タカマツシ」の下線部は無声化する。そうするとその部分は、アクセントのもたらす高いピッチの山を担えなくなる。その結果、アクセントの山が前のほうにずれて「ナガサキシ、タカマツシ」のようになる。

・**母音の無声化による下降の先送り**

　母音の無声化が起こっている地域の中には、その無声化した拍に高い音調を置くのを回避するために、ピッチ下降を<u>後ろに遅らせる</u>（いわば「先送り」する）現象が見られることもある。

　そのような地域では、たとえば「カシ'カリ（貸し借り）、ヨシ'ツネ（義経）、ムシ'ケン（無試験）、アシ'クビ（足首）、ニシ'カゼ（西風）、カチ'カン（価値観）、タチ'カワ（立川）、キ'ソ（基礎）、チ'カ（地下）」な

どの語が、核の置かれた位置が無声化しているためにそこに下降が現れず、その高さの山と下降が後ろのほうへずれて、「カシ̅カ̅リ̅、ヨシ̅ツ̅ネ̅、ムシ̅ケ̅ン̅、アシ̅ク̅ビ̅、ニシ̅カ̅ゼ̅、カチ̅カ̅ン̅、タチ̅カ̅ワ̅、キソ̅、チカ̅」のように発音されることがある。

　このようなピッチの先送りは、かつては東京方言でもかなり一般的な現象だった（特に年代層が上のほうの話者にはまだはっきりと残されている）。そのような特徴を残す東京方言の話者では、アクセントの規則性が一見不規則のように見える場合もある。たとえば次の動詞のアクセントがその一例である。

(4) 無声化を含まない語形と含む語形1（東京方言の動詞）

　　　　ヨ̅ンダ（読んだ）　　　ヨ̅ム（読む）
　　　　タ̅ッタ（立った）　　　タ̅ツ（立つ）
　　　　カ̅イタ（書いた）　　　カ̅ク（書く）
　　　　ツイ̅タ（付いた）　　　ツク̅（付く）

　3拍の起伏型動詞の過去形は「ヨ̅ンダ、カ̅イタ」のように第1拍目に核があり、その基本形もまた「ヨ̅ム、カ̅ク」のように同じところに核が現れる。しかしこの原則は、同じ起伏形動詞の「付く」では当てはまらない人がいる。そのような話者は「付く」の過去形は「ツイ̅タ」と発音されるのに、その基本形のほうは「ツク̅」と発音する。これは「ツ」の母音が無声化するので、そこに下降が現れるのを回避するため—つまり「ツ̅ク」のような発音になるのを避けようとすることが原因で生じたもの—である。このような発音の特徴を持つ話者では、2拍の1段動詞（「出る、出た」のように、両方とも2拍の動詞）の起伏型でも似たような現象が起こることが多い。

(5) 無声化を含まない語形と含む語形2（東京方言の動詞）

　　　　デ̅ル（出る）　　　デ̅タ（出た）
　　　　ミ̅ル（見る）　　　ミ̅タ（見た）
　　　　ク̅ル（来る）　　　キタ̅（来た）

デル～デタ、ミル～ミタでは基本形と過去形のピッチの下がり目の位置が一致しているが、「来る」の場合はクル～キタのようになってしまう。これは「キタ（来た）」のキが無声化したために、そこにピッチの下降が実現できなくなった――つまり「キタ」という発音を避けた――せいで、起こったものだ。

この無声化による先送りは、東京の若い世代では徐々に消滅つつあり、現代では「ツク（付く）」や「キタ（来た）」と発音する人も増えてきている。

発展編

13.4 アクセントと母音の広狭

前節までで、東京方言のように5つの母音がある方言では、無声化に関して、その5つの母音が2つのカテゴリーに分かれていることがわかった。つまり、/i/ や /u/ のような「狭母音」と、/a/、/e/、/o/ のような「広母音」である。

こうした母音が広いか、狭いか（これを以下「母音の広狭」と呼ぶ）が、アクセントの現れ方に関係している方言が、日本の各地にある。

まず、その一例として、富山方言を見てみよう。

・富山方言

富山方言は、そのアクセント体系自体は n＋1 型体系で「下げ核」を持っている、という点で、東京方言と体系が似ている。アクセント核を数字で表すと、次のようになる。なお、富山方言の無核の名詞「風、魚」などは、「カゼが、サカナが…」のように平板な音調となる。

(6) 富山方言のアクセント体系

無核	有核		
0	1	2	3
火が	日が		
カゼが	ミミが	ヤマが	

　　　　　サカナが　　　アブラが　ココロが　カタナが

　さて、2拍名詞で有核の型には「ミミ（耳）」と「ヤマ（山）」とがあるが、これらの2つの名詞と同じアクセント型を持つ名詞を他にも集めてみると、次のようになる。

(7)「耳」、「山」と同じアクセント型を持つ名詞（富山方言）
　(a)「耳」と同じ○○型のアクセントを持つ名詞
　　　石、梨、網（あみ）、耳、鬼、鍵、栗、町、橋、肘（ひじ）／昼、犬、毒、幕、夏／貝、恋、杭（くい）／金、点／象、九
　(b)「山」と同じ○○型のアクセントを持つ名詞
　　　岩、歌、山、草、花／池、豆、腕、汗、米／人、芋、蛸（たこ）、物、鳩（はと）

　こうして見ると、(7a) と (7b) に属している単語のそれぞれのグループには、音韻の面で共通性があることがわかる。ためしに、これらをローマ字で isi、nasi、hiru、inu、kai、koi のように書き出してみよう。そうするとこれらの語はすべて、その第2拍目に次のような特徴があることがわかる。

(8)「耳」、「山」と同じアクセント型の名詞の特徴（富山方言）
　(a)「耳」と同じ○○型のアクセントを持つ名詞の第2拍目
　　　母音が /i/ か /u/（つまり狭母音）で終わる
　　　　　　　　（例：石（イシ）、梨（ナシ）、昼（ヒル）、犬（イヌ）、…）
　　　/ai/、/oi/、/ui/ などの2重母音の後部の /i/ で終わる
　　　　　　　　（例：貝（カイ）、恋（コイ）、杭（クイ）…）
　　　撥音（はつおん）「ン（n）」で終わる　　　（例：金（キン）、点（テン））
　　　長音（ちょうおん）（のばす音）で終わる　　（例：象（ゾー）、九（キュー））
　(b)「山」と同じ○○型のアクセントを持つ名詞の第2拍目
　　　(a) 以外のすべて（つまり母音が /a/、/e/、/o/ のような狭くない母音）で終わる
　　　　　　　　（例：岩（イワ）、池（イケ）、人（ヒト）…）

つまり第2拍目の音韻の持つ性質によって、この2つのアクセント型は「相補的」に分かれていることがわかる。

(9) アクセント型出現に見られる相補的な関係（富山方言）
　(a)「耳」と同じ○̄○̄型のアクセントを持つ名詞の<u>2拍目</u>
　　　2拍目の母音が狭いか、それが特殊拍の場合
　(b)「山」と同じ○○̄型のアクセントを持つ名詞の<u>2拍目</u>
　　　(a) 以外（つまり2拍目の母音が狭くない母音の場合）

「相補的」というのは、互いに補い合うような分布を成している、ということである。たとえばこの (8) の例のように、(a) の○̄○̄型は、第2拍目の母音が狭いか、それが特殊拍の場合にしか現れず、これに対して (b) の○○̄型は、(a) 以外の場合にしか現れない。このようにそれぞれ現れる条件が定まっていて、お互いにその分布が重なることがないような関係にある場合が、「相補的分布」の典型である。

・音韻の性質で分かれている理由
　富山方言で、(9) のような音韻条件によってアクセント型が2つに分かれているのは、次のような条件のもとで*○̄○̄型が○○̄型へと変わる、というアクセント変化があったためである（なお、上付きの記号（＊）は、古いアクセント型を推定して示したものであることを示す。→は変化を示し、＝は変化せずにもとの型が保たれたことを示す）。

(10) 富山方言に起こったアクセント変化

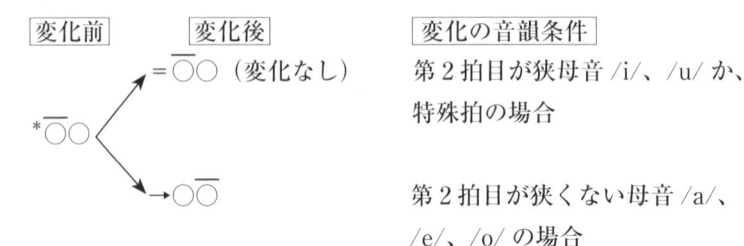

変化前	変化後	変化の音韻条件
*○̄○̄	＝○̄○̄（変化なし）	第2拍目が狭母音 /i/、/u/ か、特殊拍の場合
	→○○̄	第2拍目が狭くない母音 /a/、/e/、/o/ の場合

このように富山方言では、第2拍目の母音が狭くない場合にだけ、*○̄○→○○̄のようなアクセント変化が起きた。一方、それが狭いときには、もとのアクセント型がそのまま保たれた。その結果、本来は1つの型だったものが、2つの異なるアクセント型に分裂したのだ。

> **Column.3 例外にも理由(わけ)がある**
>
> 　富山方言のアクセント変化（10）には、いくつかの例外もある。しかしその例外にもきちんとした説明がつく。まずは、その例外を見てみることにしよう。
>
> 　　(a) 2拍目の母音が狭いのに、○○̄型で出現する名詞
> 　　　　例：菊 (kiku)　靴 (kucu)　月 (cuki)　土 (cuci)　服 (huku)
> 　　(b) 2拍目の母音が狭くないのに、○̄○型で出現する名詞
> 　　　　例：声 (koe)　前 (mae)
>
> 　このうち (a) の例外「菊、靴、月…」は、すべてある特徴を共有している。これらは、第2拍目の母音が狭いだけでなく、第1拍目も狭母音だということである。しかもその第1拍目の狭母音は、すべて無声子音に囲まれている。
>
> 　ここで (a) の語が例外になる理由がすでにわかった読者もいると思うが、実はここには、さきほど東京方言で例をあげた「母音の無声化」が関わっている。富山方言でも、東京方言と同じく狭母音 /i/、/u/ が無声子音に挟まれると無声化を起こす傾向がある。そのため、もともと *○̄○型を持っていた語彙の一部が、第1拍目の母音の無声化を起こし、それに応じてアクセントの山が1つ後ろへずれたのだ。
>
> 　たとえば「菊 (kiku)」という語は、その第1拍目の母音 /i/ が無声化したために、そこに高いピッチの山を置けなくなり、キ̄.ク→キ.ク̄のように（10）と同様の変化が起きたと考えられる。
>
> 　さてそれでは、(b) の「声 (koe)、前 (mae)」が（第2拍目の母音が /e/ であるにもかかわらず○○̄とはならずに）、○̄○となって出現する理由はいったい何だろうか。
>
> 　実はこれらの語は、もともとこの方言で /koi/、/mai/ のように発音していたと考えられている。つまりこれらの語は、その第2拍目の母音が /i/ だった時代があるのだ。そのため（10）の変化の影響を受けずに○̄○のままとどまり、その後、そのアクセント型を保ったまま、標準語と同じ発音の「声 (koe)、前 (mae)」に回帰したと考えられている。

こうして、富山方言のアクセントは、現在のような姿になった。

歴史言語学の教えるところでは、「音変化」は一律に起こるものという前提がある。しかしある限られた条件のときだけに起こる変化もあり、そのような変化のことを「条件変化」と言う。

富山方言の現在のアクセント体系は、「2拍目の母音が狭くないとき」という条件で起きた「条件変化」の結果なのである。

13.5 松江方言

次に島根県松江方言の例をあげよう。(11) の例は、松江方言の4拍名詞の体系の一部を示している。

(11) 松江方言の4拍名詞のアクセント

		単独形	〜が	〜から
0a	親類	シンルイ	シンルイが	シンルイから
0b	鶏	ニワトリ	ニワトリが	ニワトリから
0c	軽業	カルワザ	カルワザが	カルワザから
4a	食い物	クイモノ	クイモノが	クイモノから
4b	霜焼け	シモヤケ	シモヤケが	シモヤケから
4c	書き方	カキカタ	カキカタが	カキカタから

(0a)、(0b)、(0c) は、助詞が付いても下がらない「無核」の名詞のグループである。これに対して (4a)、(4b)、(4c) のグループは、助詞のところで低くなる「有核」の名詞である。松江方言の有核の名詞のうち、(4a) 〜 (4c) は語末核を持つ名詞のグループである。

さてこの方言では、無核のグループ (0a) 〜 (0c) でも、語末核のグループ (4a) 〜 (4c) でも、(a)、(b)、(c) という、似たような3種類の区別が生じている。それぞれ (a) は1拍目から、(b) は2拍目から、(c) は3拍目から高くなっていることがわかる。

つまり (a)、(b)、(c) の違いは、その上昇の位置によって区別されるのだが、このような3種類の違いは、いったいどうして生じるのだろう。

結論から言うと、次のようになる。

(a) は、第2拍目が撥音（ン）、長音（ー）、2重母音の後半部（イ）などの特殊拍である（ただし、促音（ッ）は含まれない）。これに対して(c) は、第2拍目が狭母音を持ち、かつ第3拍目が広母音からなっている。すなわち、「〇狭広〇」というような連鎖である。最後に (b) は、「その他」の場合である。つまり、「〇広〇〇、〇狭狭〇」などである。

なお (11) にはあがっていないが、「〇狭狭〇」という連鎖では (b) のようなパターンになる。たとえば、無核名詞の「クビスジ（首筋）、ニグルマ（荷車）」や語末核の名詞の「クルシサ'（苦しさ）」などは (b) で現れる。また第2拍目が促音の場合は、(c) で現れる。たとえば無核名詞の「ハップン（発憤）」や、語末核の名詞の「イッピキ'（一匹）」などがそれにあたる。

以上をまとめると、次のようになる（以下、「特」は特殊拍を、「狭」は狭母音を、「広」は狭くない母音をそれぞれ示している）。

(12) 松江方言の出だしの上昇位置とその音韻条件

	音韻条件	ピッチパターン	上昇位置
(a)	〇特〇〇	〇̄〇̄〇̄〇̄	第1拍目から
(b)	〇狭狭〇、〇広〇〇	〇〇̄〇̄〇̄	第2拍目から
(c)	〇狭広〇	〇〇〇̄〇̄	第3拍目から

このように松江方言では、何番目の拍から語頭の上昇が始まるかということについて、母音の狭広と、特殊拍の、両者が関与している。

さて、ここまで検討してきた富山方言でも、松江方言でも、狭母音と特殊拍が、両者ともに高いピッチの担い手となりにくいという特徴を共有していることがわかった。

つまり狭母音を含む拍も特殊拍も、いわば「弱い拍」であると言える。特殊拍は、音節の中心には決してなれず、つねに「副」なので、いつもその前にくる音節の「主母音」に頼っている。そして、たとえば富山方言の「貝（カイ）、金（キン）、象（ゾー）」のように、その主母音を高

くして、自らは低く付く。

　一方、狭母音のほうは、それが弱くなるかどうかはそれが置かれた環境によって決まる。たとえば松江方言の「カルワザ（軽業）、カキカタ（書き方）」の第2拍目は、後ろ隣に「広母音」という「強い拍」があると、自らは低くなって現れ、強い隣を頼りにして第3拍目から上昇するのである。ところが、たとえば「クビスジ（首筋）」のように、後ろ隣も自分と同じような「弱い拍」の狭母音だと見ると、頼るものがないので、自分からピッチを高くするのである。

　このように、特殊拍がピッチの担い手として「弱い拍」となる方言は、日本全国に数多く分布している。また、それより地域は限定されるが、狭母音も「弱い拍」となってピッチの高い山を担うことを回避しようとする傾向を持つ方言も、日本の方言の中には存在している（この場合、隣に広母音があるとなおさら相対的に弱くなる傾向が、一般的に観察されている）。このような方言は、出雲方言、北陸方言、東北方言、四国の讃岐方言、瀬戸内海の一部の島、房総半島市原方言などの地域に分布している。

読書案内（さらに知りたい人のために）

金田一春彦監修、秋永一枝編（2010）『新明解日本語アクセント辞典 CD付き』 三省堂
（巻末、および別冊の「アクセント習得法則」に、「音韻とアクセントとの関係の法則」があり、参考になる。）

上野善道（2009）「通時的にしか説明できない共時アクセント現象―句頭の上昇と語音との関係―」（『月刊言語』38/2）
（アクセントと音韻の関係について詳しい説明がある。）

第13章／練習問題

金沢方言のアクセントと音韻の関係

　次の語例は、すべて、金沢方言の3拍語の無核型をもつ語である。これらの名詞は、次の2つのアクセントの型で現れている。

(a) 上昇が1拍目から始まる名詞（⌒○○○、⌒○○○ガ）
　　スズメ、カブラ（蕪）、ダンゴ（団子）、サムサ（寒さ）、キューカ（休暇）、ハジメ（初め）、コグマ（小熊）、タイコ（太鼓）、ハギレ（端布）、マグロ、ラムネ、インク、オイモ（お芋）、ノミヤ（飲み屋）、ソージ（掃除）

(b) 上昇が2拍目から始まる名詞（○⌒○○、○⌒○○ガ）
　　イナカ（田舎）、ナガサ（長さ）、ヨモギ（蓬）、カエル、ヒロサ（広さ）、ウサギ、キツネ、スズキ（鱸）、ミミズ、ナスビ（茄子）、ネズミ、ススキ、ヒダリ（左）、イジュー（移住）

2つの型がどのような条件で現れるのか、以下のA～Fの音韻条件を使って、推理してみよう。この方言では、2拍目が狭母音の /u/、/i/ を含んではいても、有声子音をもっているか（ブ /bu/、ズ /zu/ など）、無声子音をもっているか（ツ /cu/、ス /su/ など）によって、アクセント型の現れ方が異なる。前者の拍を「狭$_1$」、後者の拍を「狭$_2$」と表す。

音韻条件　（3拍目は母音の特徴のみ関係し、子音は関係ない）
A　2拍目が「有声子音＋狭母音」、かつ3拍目が広母音（○狭$_1$広）
B　2拍目が特殊拍（○特○）
C　2拍目が広母音（○広○）
D　2拍目が「無声子音＋狭母音」（○狭$_2$○）
E　2拍目が「有声子音＋狭母音」、かつ3拍目が狭母音（○狭$_1$狭）
F　2拍目が「有声子音＋狭母音」、かつ3拍目が特殊拍（○狭$_1$特）

語例ごとに、A～Fのどの条件があてはまるか調べて、条件ごとに分類してみよう。さらに条件と(a)と(b)の関係について考えてみよう。

練習問題の解答

第1章 (p.19)

(1) a　(2) c　(3) b　(4) c　(5) c　(6) b　(7) a　(8) b
(9) a　(10) a　(11) c　(12) c　(13) a　(14) a　(15) a

第2章 (p.29)

ア．(1) 平板型(ホゾン)　　　　　　　(2) 起伏型(キョ'カ、1拍目に核)
　　(3) 起伏型(リ'カイ、1拍目に核)　　(4) 起伏型(リョ'ーリ、1拍目に核)
　　(5) 起伏型(ジュ'ンビ、1拍目に核)　(6) 平板型(セーコー)
　　(7) 平板型(ケンキュー)　　　　　　(8) 平板型(セツメイ)
　　(9) 起伏型(ハ'ンジョー、1拍目に核) (10) 平板型(キョーイク)
　　(11) 起伏型(コ'ーカイ、1拍目に核)　(12) 平板型(コーカイ)

イ．(1) 平板型(ホゾンする)　　　　　　(2) 起伏型(キョ'カする)
　　(3) 起伏型(リ'カイする)　　　　　　(4) 起伏型(リョ'ーリする)
　　(5) 起伏型(ジュ'ンビする)　　　　　(6) 平板型(セーコーする)
　　(7) 平板型(ケンキューする)　　　　(8) 平板型(セツメイする)
　　(9) 起伏型(ハ'ンジョーする)　　　　(10) 平板型(キョーイクする)
　　(11) 起伏型(コ'ーカイする)　　　　　(12) 平板型(コーカイする)

☞漢語名詞が平板型なら、それに「する」を付けてできた動詞も平板型になる。これに対して、漢語名詞が起伏型なら、動詞も起伏型になる。漢語名詞が起伏型の場合、それに「する」を付けて動詞をつくっても、もとの名詞のアクセントの位置は変わらない。(例：ド'リョク（努力）、ド'リョクスル)

第3章 (p.44)

1. (1) アケル(平板型)〜アク(平板型)　　　(2) アゲル(平板型)〜アガル(平板型)
　 (3) トメル(平板型)〜トマル(平板型)　　(4) タテル(起伏型)〜タ'ツ(起伏型)
　 (5) サゲル(起伏型)〜サガル(起伏型)　　(6) オコ'ス(起伏型)〜オキ'ル(起伏型)

☞他動詞が平板型ならば、それに対応する自動詞も平板型であり、他動詞が起伏型なら、対応する自動詞も起伏型である。

2. ア．(1) 平板型(オワリ)　　(2) 起伏型(ヤスミ')　　(3) 平板型(オドリ)
　　　(4) 平板型(カザリ)　　(5) 起伏型(タノミ')　　(6) 平板型(オシエ)
　　　(7) 平板型(チガイ)　　(8) 起伏型(ツツミ')　　(9) 起伏型(ハナシ')
　　　(10) 平板型(オコナイ)　(11) 起伏型(モーケ')　 (12) 起伏型(オソレ')
　　　(13) 平板型(イジメ)　 (14) 起伏型(アマリ')　　(15) 起伏型(イノリ')

イ．(1) 平板型(オワル)　　(2) 起伏型(ヤス゚ム)　　(3) 平板型(オドル)
　　(4) 平板型(カザル)　　(5) 起伏型(タノ゚ム)　　(6) 平板型(オシエル)
　　(7) 平板型(チガウ)　　(8) 起伏型(ツツ゚ム)　　(9) 起伏型(ハナ゚ス)
　　(10) 平板型(オコナウ)　(11) 起伏型(モーケ゚ル)　(12) 起伏型(オソレ゚ル)
　　(13) 平板型(イジメル)　(14) 起伏型(アマ゚ル)　　(15) 起伏型(イノ゚ル)

☞ 動詞が平板型ならば、その名詞形も平板型であり、動詞が起伏型なら、名詞形も起伏型である。

第4章 (p.59)

1. (a) ダイ̄ドコロで　　　　(b) ゲ̄ンカンから　　　(c) キ̄ンジョを
   (d) カイ̄モノに　　　　　(e) イ̄エから　　　　　(f) ミ̄チを
   (g) エ̄キまで([エ]キま̄で)　(h) レ̄ストランで　　　(i) コ̄ーエンまで
   (j) コ̄ーエンから　　　　(k) ア̄キチばかり　　　(l) ミ̄チぐらい
   (m) イ̄エに　　　　　　　(n) ゲ̄ンカンで

2. (a) シゴ̄トバからも　　(ア)　　(b) カイ̄ダンからは　　(ア)
   (c) カイ̄ギジョーには　(ア)　　(d) テ̄ンジョーにだけ　(イ)
   (e) カイ̄ギジョーでも　(ア)　　(f) カイ̄ダンでだけ　　(イ)
   (g) テ̄ンジョーからも　(ア)　　(h) シゴ̄トバだけで　　(ア)
   (i) ト̄ナリだけから　　(イ)　　(j) シゴ̄トバだけは　　(ア)

第5章 (p.77)

1. (1) a. ニ̄ワ　(2) b. ソ̄ラ　(3) a. タ̄ケ　(4) b. カ̄タ　(5) b. ミ̄ル　(6) a. モ̄ム

2. (1) a. アカシンゴ̄ー　(2) c. アオシンゴ̄ー　(3) c. ハルヤス̄ミ　(4) b. ナツヤス̄ミ

3. (1) オバーサン̄ワ　カワ̄エ　センタクニ　イキマ̄シタ
    (おばあさんは川へ洗濯に行きました。)
   (2) カタ̄ノ　シュルイガ　フタツ̄シカ　ナ̄イ　アクセント̄ガ　ニケーアクセント̄　ジャ̄
    (型の種類が2つしかないアクセントが2型アクセントだ。)
   (3) アメニモ̄　マケ̄ズ　カゼニモ̄　マケ̄ズ　ユキニモ̄　ナツノ　アツサニモ̄　マケ̄ヌ
    ジョーブ̄ナ　カラダオ　モ̄ツ
    (雨にも負けず、風にも負けず、雪にも、夏の暑さにも負けぬ丈夫な体を持つ。)

第6章 (p.92)

1. (1) 鼻 A　(2) 花 B　(3) 橋 A　(4) 桶 C　(5) 猿 C　(6) 箸 C
   (7) 子ども A　(8) 卵 B　(9) 油 C　(10) 鏡 A　(11) 親子 B　(12) 大人 C

2. (1) ア（カミナリまで）　(2) イ（ウグイスにも）　(3) ア（タマゴヤキも）
   (4) ウ（フロシキから）　(5) イ（ウルウドシが）　(6) ウ（テヌグイにも）
   (7) イ（ナデシコにも）　(8) ア（コムギコロに）　(9) ア（シオヅケから）
   (10) ウ（モメンイトも）　(11) ウ（カタマリから）　(12) ウ（ワスレモノが）
   (13) イ（サザンカまで）　(14) イ（ジョガクセイに）　(15) ア（ナガイキまで）

第7章 (p.105)

1. (1) サンビャクエン（三百円）　　　（　6　拍　）（　4　音節　）
   (2) オリエンテーション　　　　　　（　8　拍　）（　5　音節　）
   (3) ドライアイス　　　　　　　　　（　6　拍　）（　4　音節　）
   (4) ハネムーン　　　　　　　　　　（　5　拍　）（　3　音節　）
   (5) オートマティック　　　　　　　（　7　拍　）（　5　音節　）

2. (1) 東京方言としておかしなアクセント　（ (a)　　(b)　　(d)　　(e)　）
   (2) 鹿児島方言としておかしなアクセント（ (c)　(d)　(e)　(f)　）

第8章 (p.121)

1. 次の9通りである。×の部分には、語例がない。(参考:（　）内にそれぞれの型の具体例をあげた。)

   H0　○○○○○ガ（小倉山）　　　　L0　○○○○○ガ（お天気屋）
   H1　○○○○○ガ（アクセント）　　L1　×
   H2　○○○○○ガ（黄水晶）　　　　L2　○○○○○ガ（お爺さん）
   H3　○○○○○ガ（山歩き）　　　　L3　○○○○ガ（赤ずきん）
   H4　○○○○○ガ（建設費）　　　　L4　○○○○ガ（印刷機）
   H5　×　　　　　　　　　　　　　　L5　×

   【注】このうち H2 型には、つねにこの型で出るという語はほとんどない。「キズイショー[黄水晶]」も「キズイショー」のように、L2 で発音する人もいる。また、語頭のキを長めに発音し、「キーズイショー」となることもあり、その場合は 6 拍語の H3 型（キーズイショー）となる。

2. (1) c. シロクマ。　　　(2) c. シロクマ。
   (3) b. シロクマオ　カウ。　(4) a. シロクマオ　カワイガル。

3. アカトンボワ、サンカイホド　ソラオ　マワッテ、イツモ　ヤスム　イッポンノ　カキネノ　タケノ　ウエニ、チョイト　トマリマシタ。　ヤマザトノ　ヒルワ　シズカデス。

第9章 (p.142)

1. 4拍語　ケチャッㅣプ、クレーㅣプ、スパーㅣイス、パパーㅣイヤ、パプㅣリカ、フルーㅣツ、ポターㅣジュ
   5拍語　コンビーㅣフ、サーロㅣイン、ハンバーㅣグ、ビスケッㅣト、ピスターㅣチオ、マドレーㅣヌ、マヨネーㅣズ、モロヘㅣイヤ、ヨーグㅣルト、レモネーㅣド
   6拍語　アスパㅣラガス、オートミーㅣル、ブイヤベーㅣス、マッシュルーㅣム、マーマレーㅣド

2. 語末から数えて3つ目の拍が特殊拍だったために−4の位置に下降がずれたもの
   チャーㅣチル、ニューㅣトン、ターㅣザン、ミケㅣランジェロ、ヘーㅣゲル、ベーㅣトーベン、ハーㅣイドン、スヌーㅣピー、クリㅣントン

3. (1) アンケーꜜト　　(2) オーㅣドブル　　(3) コスチューㅣム　　(4) オーディㅣション
   (5) ロボッㅣト　　(6) ケンブㅣリッジ　　(7) カリキュㅣラム　　(8) カートㅣリッジ
   (9) チケッㅣト　　(10) コンタㅣクト　　(11) パラドッㅣクス　　(12) バルコㅣニー

4. (1) クラシッㅣク　　−3型
   (3) パイロッㅣト　　−3型
   (5) フェミニㅣスト　−3型
   (7) ブレスレッㅣト　前進型
   (9) マㅣジック　　　前進型
   (11) チャレㅣンジ　　−3型
   (13) レトㅣリック　　前進型
   (15) ヘルメッㅣト　　−3型
   (2) ハーㅣバード　　前進型
   (4) パラㅣダイス　　前進型
   (6) プライベーㅣト　−3型
   (8) サフㅣラン　　　−3型
   (10) マㅣグニチュード　前進型
   (12) メッセーㅣジ　　前進型
   (14) アーㅣモンド　　前進型

第10章 (p.162)

1. 2語連続になりやすいものとその理由は、次の通りである。(ア)は並列関係、(イ)は格関係

遺伝子組み換え	(イ)	遺伝子を組み換える
関東甲信越	(ア)	関東・甲信越
原因究明	(イ)	原因を究明する
治安悪化	(イ)	治安が悪化する
必要不可欠	(ア)	必要・不可欠
職権乱用	(イ)	職権を乱用する
ロケット打ち上げ	(イ)	ロケットを打ち上げる
美男美女	(ア)	美男・美女
冷静沈着	(ア)	冷静・沈着
台風通過	(イ)	台風が通過する
議事録承認	(イ)	議事録を承認する
料金割引	(イ)	料金を割引する

練習問題の解答

2. 右枝分かれ構造を持つために、2語連続になりやすいものは、次の通りである。
   地方公共団体　　　地方［公共－団体］　　　ガス基本料金　　　ガス［基本－料金］
   内閣総理大臣　　　内閣［総理－大臣］　　　大相撲春場所　　　大相撲［春－場所］
   大手家具メーカー　大手［家具－メーカー］

3. ①コーモリガ、ナガヒゲガ　　②ハモグリバエ、シラミバエ
   ③ゲンジボタル、ウミホタル　　④ヒメゴキブリ、チャバネゴキブリ

4. 前部要素が特殊拍（ン、ー、イ）で終わる場合は、その特殊拍が核を担いにくいため、下降位置が前にずれる。たとえば、「予定日」は、本来「ヨテー'ービ」となるはずのところが、「ヨテー'ビ」のように下降位置が1つ前の拍にずれている。これは特殊拍の代わりに、その特殊拍が属している音節の音節主母音の直後に、ピッチの下降がすれるためである。

第11章 (p.180)

1. 東京：①ビンボー－モノガタリ、②ウター－モノガタリ、
   京都：①ビンボー－モノガタリ、②ウター－モノガタリ

2. それぞれの語のピッチパターンと型は次の通り。
   (a) イタチ－タイジ（鼬退治）　H4　　　(b) キツネ－タイジ（狐退治）　L4
   (c) ハリ－ネズミ（針鼠）　L3　　　　(d) イエ－ネズミ（家鼠）　H3
   (e) ドブ－ネズミ（溝鼠）　L3　　　　(f) ツバキ－モチ（椿餅）　L3
   (g) キナコ－モチ（黄粉餅）　H3　　　(h) ニワ－シゴト（庭仕事）　H3
   (i) オヤクショ－シゴト（お役所仕事）　L5　(j) ミヤコ－オドリ（都踊り）　H4
   (k) ハダカ－オドリ（裸踊り）　L4　　　(l) ギオン－マツリ（祇園祭り）　H4
   (m) ビョーブ－マツリ（屏風祭り）　L4　(n) ツキミ－ダンゴ（月見団子）　H4
   (o) キビ－ダンゴ（黍団子）　L3　　　　(p) コーモリ－ガ（蝙蝠蛾）　H4
   (q) ナガヒゲ－ガ（長髭蛾）　L4　　　　(r) ハモグリ－バエ（葉潜り蠅）　H4
   (s) シラミ－バエ（虱蠅）　L3　　　　(t) ヒメ－ゴキブリ（姫ゴキブリ）　H3
   (u) チャバネ－ゴキブリ（茶羽ゴキブリ）　L4

第12章 (p.200)

1. (1) 袖（第1類）　(2) 色（第3類）　(3) 瘤（第2類）　(4) 味噌（第4類）　(5) 鍋（第5類）
   (6) 親（第3類）　(7) 羽（第1類）　(8) 板（第4類）　(9) 旗（第2類）　(10) 婿（第5類）

2. (4)、(7)

第 13 章 (p.214)

A：カブラ、コグマ、サムサ、スズメ、ノミヤ、ハギレ、ハジメ、マグロ、ラムネ
B：ダンゴ、インク、タイコ、オイモ、キューカ、ソージ
C：イナカ、ナガサ、ヨモギ、カエル、ヒロサ、ウサギ、ヒダリ
D：キツネ、ナスビ、ススキ
E：ミミズ、スズキ、ネズミ
F：イジュー

条件 A、B の場合は、(a) の上昇が 1 拍目から始まる名詞。
条件 C〜F の場合は、(b) の上昇が 2 拍目から始まる名詞。

主要索引

◆あ行

アクセントの型	20, 183
アクセントの規則	32
アクセントの祖形の再建	198
アクセントの体系	23
アクセントの単位	68, 94
アクセント類別語彙	182
頭高型	125
1単位の複合名詞	147, 171
伊吹島のアクセント	117, 119, 193
イントネーション	17, 51
A型とB型	63, 73, 75, 76
N型アクセント	83
n+1型体系	24
大分方言	188
隠岐島のアクセント	80
尾高型	125
音節（シラブル）	11, 63, 94
音節主母音	98
音調句	49

◆か行

外来語のアクセント	102, 129
外輪東京式	196
核	24
下降式	116
鹿児島のピッチ	9
鹿児島方言	62, 100, 188
数える単位	96
起伏型	15
京都方言	99, 107, 118, 164
金田一春彦	70
句音調	48, 119
軽音節	131, 132
形容詞のアクセント	36, 64
高知のピッチ	9
高知方言	118, 179, 188
後部決定型	153
後部要素	70, 146
語音	202
語形	36
語形変化	34
語声調	106
ゴンザ	74

◆さ行

下げ核	27
讃岐式	195
3型アクセント	82
式	106
式保存	70, 165
雫石方言	166
重音節	131, 132
条件変化	212
上昇式（低起式）	107, 117
助詞のアクセント	51, 65, 86
生産性	125
生産的なアクセント型	128
声調	106
声調言語	13
狭母音	63, 206
前進型	138

前部要素	69, 146	日生町寒河	196
相補的分布	210	弘前方言	26, 56
促音	63, 95	広島方言	188
祖形	197	広母音	208
祖語	197	不下降式	117

◆た行

種子島のアクセント	76	不完全複合名詞	147, 151, 169
垂井式	194	複合語のアクセント	69, 146, 164
単語声調	106	複合動詞	165, 176, 179
中央式	194	複合名詞	146, 164
中音調	26	譜本	116
長音	95	平進式（高起式）	107, 116
東京式	196	平板型	14
動詞のアクセント	32, 64, 113	弁別的（対立的）	11
特殊拍	97, 202	母音の広狭	208
富山方言	208	母音の無声化	99, 153, 204

◆な行

長崎方言	73, 101
中高型	125
2型アクセント	62, 72
2語連続	147, 168
二重母音	63, 95
担う単位	99
昇り核	27

◆ま行

－3型	97, 128, 154
松江方言	212
真鍋式	196
無核型	25

◆や行

屋久島のアクセント	75
山田耕筰	116
山田の法則	177
山田美妙	177
有核型	25

◆は行

拍(モーラ)	11, 63, 94
拍内下降	111
派生	40
派生語	43
撥音	63, 95
比較方法	197
ピッチ	8

◆ら行

琉球列島のアクセント	88
俚謡	115
類の統合	193
類別語彙	191
連結音調	54

● 編著者紹介

松森晶子(まつもり あきこ)
1956年生まれ、東京大学大学院人文科学研究科博士課程(言語学専攻)満期退学。現在、日本女子大学文学部教授
執筆担当：1、2、3、4、6、9章

新田哲夫(にった てつお)
1958年生まれ、大阪大学大学院文学研究科博士後期課程(日本学専攻)中退。現在、金沢大学人間社会研究域歴史言語文化学系教授
執筆担当：1、12、13章

木部暢子(きべ のぶこ)
1955年生まれ、九州大学大学院文学研究科修士課程(国語学国文学専攻)修了、博士(文学)。現在、国立国語研究所教授
執筆担当：5、7章

中井幸比古(なかい ゆきひこ)
1957年生まれ、京都大学大学院文学研究科博士後期課程(言語学専攻)研究指導認定退学。現在、神戸市外国語大学外国語学部教授
執筆担当：8、10、11章

日本語アクセント入門

2012年9月20日　第1刷発行
2020年1月10日　第2刷発行

編著者　松森晶子、新田哲夫、木部暢子、中井幸比古
発行者　株式会社 三省堂　代表者 北口克彦
印刷者　三省堂印刷株式会社
発行所　株式会社 三省堂
　　　　〒101-8371　東京都千代田区神田三崎町二丁目22番14号
　　　　電話 編集 (03) 3230-9411　営業 (03) 3230-9412
　　　　https://www.sanseido.co.jp/

©Sanseido Co., Ltd. 2012 Printed in Japan　　ISBN978-4-385-36531-2
〈日本語アクセント入門・224pp.〉

落丁本・乱丁本はお取り替えいたします。

本書を無断で複写複製することは、著作権法上の例外を除き、禁じられています。また、本書を請負業者等の第三者に依頼してスキャン等によってデジタル化することは、たとえ個人や家庭内の利用であっても一切認められておりません。